U0330879

志愿者文化丛书

钱理群
编选·导读

卢作孚 卷

生活·讀書·新知 三联书店

图书在版编目（CIP）数据

志愿者文化丛书. 卢作孚卷／钱理群编选、导读. —北京：
生活·读书·新知三联书店，2018.12
ISBN 978 - 7 - 108 - 06325 - 0

Ⅰ. ①志⋯　Ⅱ. ①钱⋯　Ⅲ. ①卢作孚（1893—1952）－思想评论
Ⅳ. ① C ②B250.5

中国版本图书馆 CIP 数据核字（2018）第 101110 号

责任编辑　叶　彤
装帧设计　薛　宇
责任校对　张国荣
责任印制　徐　方
出版发行　生活·讀書·新知 三联书店
　　　　　（北京市东城区美术馆东街 22 号 100010）
网　　址　www.sdxjpc.com
经　　销　新华书店
印　　刷　河北鹏润印刷有限公司
版　　次　2018 年 12 月北京第 1 版
　　　　　2018 年 12 月北京第 1 次印刷
开　　本　787 毫米 × 1092 毫米　1/32　印张 7.25
字　　数　100 千字
印　　数　0,001-8,000 册
定　　价　28.00 元
（印装查询：01064002715；邮购查询：01084010542）

《志愿者文化丛书》

总 序

　　"志愿者"是 21 世纪以来出现的、以青年为主体的新的社会群体，按中国的传统，称为"义工"。它的基本特点，一是志愿性，即内发性（出于自我内在生命的需要，而不是外在功利的诱惑）和自发性（是自己的主动、自主的选择，而非外在力量的强制）；二是民间性和公益性：既是非政府性的组织，又是非营利性的组织，是人们说的"第三部门"。它对政府机制和市场机制形成必要的补充与制约。

　　不难看出，这样的志愿者组织，是以某种共同的价值观、生活观凝聚在一起的：许多人奉行个人中心主义和极端利己主义，这群人却尝试"利我利他，自助助人"的新的伦理；许多人沉湎于个人的无止境的物质享受，感官刺激，奢侈消费，这群人却相信人不仅有物质的欲望，更有精神的追求，尝试着一种"物质简单，精神丰裕"的新的生活方式；许多人奉行将他人视为敌人的丛林法则，进行残酷的你死我活的生存竞争，这群人却尝试着视他人为兄弟，在志愿者与服务对象之间，在志愿者之间，建立起人与人相互信任、尊重、支持的新关系；许多人陷入所想与所做的分离，将真实的自我掩饰、保护起来，被迫或主动生活在谎言中，这群人却尝试着通过志愿者活动将"想、说、行"统一起来，努力生活在真实之中，如此等等。

志愿者组织在某种程度上，就是一所公民大学堂。志愿者将在这个自主、自由、多元、开放的群体中，学会参与和独立创造，学会对话、合作和互助，学会平等、公平和互惠，学会宽容、妥协、自我约束和相互监督。

这样的新理想、新思想、新伦理、新价值、新的生活方式、新的人与人的关系以及新的人与自然的关系……就构成了全新的"志愿者文化"。

而这样的志愿者文化，正在遭遇新的挑战。随着志愿者公益组织被社会和公众广泛认同，随着社会组织的日益壮大与发展，也出现了新的危机：它很容易成为一种"时髦"，和某种利益捆绑在一起，人们纷纷盲目加入，却不去思考其背后的理念，这样，就会逐渐模糊、稀薄最初的理想、追求，失去了目标，造成独立性的丧失，甚至被异化，同时内部的矛盾也会逐渐暴露与激化，甚至导致分化。这样，志愿者组织自身的思想建设，就成为迫在眉睫的任务；其核心就是志愿者文化的建设，即要重新回到最初的出发点上，思考"我是谁？我要做什么？我要达到什么目标？"。

　　更重要的是，我们还面临着一个开拓与发展志愿者文化，使其本土化的历史任务。我们今天在讨论志愿者文化时，更多地借鉴了西方的资源，这是可以理解的，并且是必要与有益的，但又是不够的。因为不仅这些外来的思想、理念本身有一个和中国国情相适应的问题，而且中国本土，无论是古代传统、现代传统，还是民间传统里，都存在着丰富的思想、文化、理论资源，足以成为我们今天所提倡的志愿者运动的精神滋养。

我们还注意到，随着中国社会的发展，近年来，出现了社会工作者这一新的职业群体。他们大都经过大学教育的专业训练，所从事的也是专业工作，因而有别于志愿者群体。但他们担负的是社会服务工作，也有自己的社会工作伦理，他们也需要有志愿者精神，也同样需要从中国传统里吸取资源，实现社会工作的本土化。

我们编选这套"志愿者文化丛书"，就是要对中国本土的志愿者文化资源进行一次发掘、整理与研究。首先推出的是现代资源，除了介绍现代文化的先驱鲁迅关于"中国人和中国社会的改造"的思想外，重点在推出20世纪三四十年代平民教育与乡村改造、建设的四大先驱梁漱溟、晏阳初、陶行知、卢作孚的理论与实践；以后，如有条件，我们还准备进一步发掘中国儒家与墨家的资源。为了便于年轻的志愿者和社会工作者朋友的阅读与学习，我们从先驱者浩繁的著作里，精心选编了相关的语录，附有部分原文，并有详尽的"导读"。我们期待，这套丛书能成为志愿者公益组织思想建设和社会工作者教育的阅读文本，有助于志愿者和社会工作者朋友，走进先驱者的精神世界，和他们进行心灵的交流。同时，我们也清楚，这是一项开拓性的工作，编选中的缺点与不足，在所难免，因此，欢迎读者不吝赐教。

2013 年 2 月 14 日

目 录

导　读

卢作孚先生1893年出生在四川合川县（今重庆合川区）一个世代农耕的家庭。这一年，中国同时诞生了四位现代历史上举足轻重的奇才：除卢作孚之外，还有毛泽东、宋庆龄和梁漱溟。其中的卢作孚，作为一个没有念过大学的农家子弟，却创造了中国现代经济史、社会史、文化史、教育史上的三大奇迹。第一个奇迹是创建民生实业股份有限公司。到1937年抗战全面爆发前夕，公司的轮船承担了长江上游70%以上的运输业务，开拓了近3000千米的内河航线。人们评论说："曾经横行川江、垄断川江航运的帝国主义船只被他兵不血刃地赶出了川江。"1948 年，民生公司达到鼎盛时期，航线不仅遍及长江各口，还延伸到日本和东南亚，初步实现了其发展海洋运输的理想。历史更要重重记上一笔的第二个奇迹，是抗战全面爆发后的1938 年 10 月，三万从各地撤出的人员和难民、近十万吨战略物资全部滞留、积压在宜昌，在日机的狂轰滥炸下，卢作孚亲自坐镇指挥，在四十多天内，将全部人员和三分之二的物资分别运到重庆、万县、巴东等地，两个月后剩余物资也全部运完。晏阳初对此评价说，这次抢运堪称"中国实业史上的敦刻尔克"。卢作孚创造的第三个奇迹，是他主持、推动的以北碚为中心的嘉陵江、三峡地区三十多个乡镇的乡村建设运动，在短短十多年内，就"将原是一个匪盗猖獗、人民生命财产无保障、工农业生产落后的地区，改造成后来的生产发展、文教事业发达、环境优美的重庆市郊的重要城镇"（梁漱溟语）。1944 年美国杂志上刊登的文章，则称北碚是"平地涌现出来的现代化市镇"，是"迄今为止中国城市规划的最杰出的例子"。陶行知也赞扬说：北碚的建设"可谓将来如何建设新中国的缩影"。

今天的研究者更对卢作孚的北碚乡村建设实验做出这样的历史评价：这是"民国时期众多乡村建设实验中时间最长、成就最大的一个，是民国时期乡村建设运动最完整的历史记录"。卢作孚和晏阳初、梁漱溟并称中国乡村建设"三杰"，是当之无愧的。

卢作孚留给后人的，不仅是他的事业，更是他的精神、人格力量。如梁漱溟所说，他"胸怀高旷，公而忘私，为而不有，庶几乎可与古之贤哲媲美"。美国杂志《亚洲与美洲》刊登的一篇文章，一语道破了卢作孚的特点：他是"一个未受过正规学校教育的学者，一个没有现代个人享受的现代企业家，一个没有钱的大亨"。这也正是他的独特价值所在。卢作孚离世后，黄炎培所写的《哀词》里提出了两个问题："君为何生？""君为何来？"回答是"君应是为一大事而生"，君之来"为的是国家，为的是人民"。今人则说："当代人与其看成功人士的训导，不如回到卢作孚去"，"当代人急切地要求社会圣经，要求和谐或人生絮语，不如回到卢作孚去"，"当代人要求励志明心的哲理，要求应对个人身心危机或社会危机，不如回到卢作孚去"。

2003 年，卢作孚先生被重庆市民和专家分别评为
"重庆十大文化名人"，并均列第一。专家的评语写道：
"民生公司、北碚实验区、《卢作孚文集》，其中任一项
都足以改变世界。"

那么，我们就来阅读与讨论从《卢作孚文集》里
编选出来的语录和文章，或许可以从中获得思想的启
迪，进而改变我们的世界：从内在精神到外在现实。

（一）

我们一起来读：卢作孚论"中国的建设问题与人
的训练"。——这本是 1935 年 3 月上海生活书店出版
的卢作孚著作的书名，它集中表现了卢作孚最为关注
的两大问题，正好借用来概括他的思想。我们这里的
阅读重点，是和我们这些中国建设的志愿者有关的论
述，主要有两大部分。

第一部分是"乡村建设之路"的探讨。卢作孚这
方面的思考，大体有五个层面。

第一个层面。卢作孚开宗明义这样说："我觉得中

国急切需要的是根本的问题的讨论和解决方法的追寻，而不是枝节的批评。徒有这桩事与那桩事的批评，这个人和那个人的批评，无裨于中国问题的解决。"这样，卢作孚的思考与探索，就有了一个很高的起点和很大的视野：要追寻的，是全局性的、根本性的中国问题的解决。这说明，实业家卢作孚首先是作为一位思想家去观察现实、把握世界，进而决定自己的事业和人生的选择的。这样的高瞻远瞩，是他不同于一般实业家的独特之处。

或许我们更应该注意的，是卢作孚之所以关注中国问题的根本解决，是出于他对中国现实的深远忧虑。他紧接着就谈到了中国的"内忧外患"：他所处的时代，20 世纪 20、30、40 年代，中国外有西方与日本的侵略威胁，国内又深陷于政治腐败、内战频仍、民不聊生的困境之中。正是这样深刻的民族危机感，成为卢作孚和他前后几代中国有民族、社会、历史承担的志士仁人前仆后继地投入中国变革事业的内在动力。这是我们认识卢作孚们的思想时首先应该把握的。

卢作孚的独特见解，在于他对"内忧外患"关系的认识：他认为这"是两个问题，却只须用一个方法去解决它"；他强调："中国的根本办法是建国不是救亡，是需要建设成功一个现代的国家，使自有不亡的保障。"在他看来，唯有"确立公众的良好秩序，完成一切物质基础的建设，提高人民的生活水准和文化水准，使国家成为一个本身健全的现代国家"，中国才能真正把"国家的安全掌握在自己的手里"，"自己支配自己的命运"。他的结论是：中国问题的根本解决，唯一的办法就是"将整个中国现代化"。研究者指出，在卢作孚的时代，"提倡教育救国、实业救国的，早有人在，但没有提到国家现代化的高度。孙中山的民生主义、建国大纲及实业计划，已有明白的现代化思想。可在此之后，更明确提出'现代化'口号，并对具体内容和目标做了明确规定的人，卢作孚还是第一个"。

卢作孚能够提出"现代化"问题，当然不是偶然的。这也是他的一个基本的思想出发点：一定要在"非常明了整个世界的状态之下决定自己的办法"。正是在这样的世界视野下，他认为，世界（西方和日本）已经进入"工商业时代"，"进化到现代"社会，而中国仍停留在"农业生活的状态下",用今天的话来说,就是依然是一个"前现代"的社会。这是中国落后挨打的根本原因,也是中国国内面临的许多问题的根源(这一点我们在后面还会有进一步的讨论)。在他看来,中国的现代化,是一个历史进化的必然趋势。

那么,中国应怎样实现"现代化"?这就进入了第二个层面的讨论,卢作孚认为:中国的现代化,基础在"乡村现代化"。这又内含着两层意思。

卢作孚首先强调,中国政治、教育、经济建设和发展的基础都在乡村。这也是卢作孚思想的一个超前之处。卢作孚尖锐地指出,中国的政治向来都是"城市中心的政治",中国的教育、经济、文化,也无不以城市为中心。这样,他就抓住了中国发展中的一个根本问题:城市中心。其实这是延续到今天的,并且已经成为中国现代化发展必须解决的基础性问题。卢作孚早在 20 世纪 30 年代就已经提出了预警:"乡村人民不能自治,不肯过问利害切身的乡村问题,便完全让土豪劣绅专横;自然,他们更不肯过问眼前以外的地方乃至国家的政治问题,便完全让军阀官僚专横。一个乡村问题放大起来，便是国家的问题。"其实，在此之前，李大钊就提出过类似的警告。他说，现在大家都在讲推行"民主政治"的关键，是要"立宪"；但是，不要忘了，中国的选民，"大多数都在农村"，如果农村没有开发，农民没有觉悟，如果真的实行普选，那些"积下了许多的罪孽金钱"的城市强盗，就会来骗"他乡里的父老"，如果这些人选上了，"立宪政治，民主政治，哪有丝毫的希望？"。李大钊因此大声疾呼："立宪的青年啊！你们若想得个立宪的政治，你们先要有一个立宪的民间"，"把那专制的农村变成立宪的农村"，"这样的民主主义，才算有了根底，有了泉源。这样的农村，才算是培养民主主义的沃土"。今天重读先驱者八十年前（卢作孚，1930 年）、九十年前（李大钊，1919 年）发出的呼唤，仿佛他们就在和我们面对面地谈话，讨论当下中国的问题：今天的中国，仍然有许多人在提倡与追求各色"民主"，但又有多少人认真地推动民间、农村的民主政治呢？人们注目于上层建筑的改革是有道理的，但如果忽略了社会基础的变革，那就会产生严重的问题：上层建筑变了，基础没有变，不仅不牢靠，还有变质的可能。卢作孚也就是在这里找到了乡村建设的特殊重要性：它所推动的正是中国社会基础的变革，是要解决中国民主政治的"根底""泉源"问题的，在一定意义上，它是更为根本的。

而且在卢作孚看来，这样的农村变革的基础性作用，是全面的，不仅关乎中国民主政治建设，而且关乎中国教育与经济的发展。他指出："乡村是不断地供给城市人口的地方，如因教育缺乏，供给的都是无知识的人口，那不唯于城市文明没有帮助，反而妨碍不小。乡村教育不发达，不但是乡村问题，而且变成城市问题了。"而"乡村经济事业如没有（和城市）同样的速度进展，亦必引起城市原料的恐慌"，大量农村人口涌向城市，"城市人口无底止地逐渐加多，更会成了城市问题"。这些八十年前说的话，仿佛针对的就是当下的现实。他始终抓住城市与乡村发展的关系，来思考中国的发展问题，从而突出乡村建设的基础意义，是真正抓住了要害的。

而在思考乡村建设问题时，他又有一个大思维："试做一种乡村运动，目的不只是乡村教育方面，如何去改善或推进这乡村里的教育事业；也不只是在救济方面，如何去救济这乡村里的贫困或灾变。中华民国根本的要求是要赶快将这一个国家现代化起来，所以我们的要求是要赶快将这一个乡村现代化起来。""乡村现代化"，这是卢作孚的乡村建设思想，是他所要推动的乡村运动的核心，它既是一个奋斗目标，更规定了活动的范围与方法。这也是最具启发性之处：我们从事乡村运动，既要落实为一个个具体问题（教育问题、救济问题等等）的解决，但又不能局限于此，要有一个"乡村现代化"的大视野、大目标，既立足局部，又着眼全局。这大概也就是"想大问题，做小事情"吧。

那么，卢作孚所设计、追求的"乡村现代化"，又包含什么具体内涵与理想呢？这就要进入第三层面的讨论。

卢作孚在设计嘉陵江三峡乡村建设时，一开始就提出了"将嘉陵江三峡布置成功一个生产的区域、文化的区域、游览的区域"的目标，并且具体规划为：经济建设，文化、教育建设，社会建设，环境建设，自治建设等几个方面。这表明，卢作孚的"乡村现代化"

是一个"全面现代化"的概念,并不局限为物质的建设,而是要追求乡村政治、经济、文化、教育、社会、环境的全方位的改革,而且如我们下文要讨论的,最后又归结为"人的现代化"。

经济建设和教育建设在后文会有进一步讨论,这里要说的是其他几个方面,都是极有卢作孚的个人独创性的。其一,卢作孚规划中的文化建设,不仅以"教育事业"为中心,而且把"研究事业"放在突出的位置。在他看来,乡村建设必须建立在科学研究的基础上,他因此强调服务于乡村建设的研究,要"注意应用的方面,有生物的研究,有理化的研究,有农林的研究,有医药的研究,有社会科学的研究"。后来北碚建立了西部科学院,就具体体现了他的这一思想,在城镇设立研究机构,这在全国是首创。其二,卢作孚特别重视社会建设。他不仅积极发展公共文化娱乐建设,创办博物馆、图书馆、运动场、植物园、动物园,而且大力推动"社会公共事业",开展"社会工作的运动"。这背后的理念又是"人的建设":他要通过这些公共社会事业,培育新的"人民"——"皆有职业,皆受教育,皆能为公众服务,皆无(不良)嗜好,皆无不良的习惯"。其三,他对环境建设也倾注了极大热情。他提出:"凡有市场必有公园,凡有山水雄胜的地方必有公园","在那山间、水间有这许多自然的美,如果加以人为的布置,可以形成一个游览区域"。他的理想是把北碚乡村建设实验区建设成"皆清洁,皆美丽,皆有秩序,皆可居住"的人间净土、乐园。其四,也是我们最应该注意的,是卢作孚把"乡村的自治建设"放在乡村现代化的突出地位。他在推动乡村社会建设时,特别关注的是,所有的公共事业,都要"大众出力,大众出钱,而且是大众主持。由这些具体的活动以引起大众管理公共事务的兴趣,以训练大众管理公共事务的方式,以完成地方自治的组织"。他也因此特别注意地方自治的组织建设和制度建设,提出要建立"人民的代表会议"的制度,其任务有二:讨论和"解决全乡镇本身的重大问题","选择乡镇长和各委员",并进行"监督"。这其实就是我们前面所讨论的,要建立"立宪的农村",推动农村民主政治。

　　前面提到的黄炎培的《哀词》里,在哀叹卢作孚之早逝以后，又提到"几十百年后"，必"有欲之君者"。卢作孚当年北碚乡村现代化实验，曾取得惊人成绩，但在 20 世纪 50 年代以后就逐渐被强迫遗忘，今天已是六十年后，人们终于重新走近卢作孚，发现了他的实验区，同时又发现，他当年所提出的"乡村全面现代化"的目标，依然是我们的奋斗目标，他当年所做的事，也是我们正在做、正要做的事，这是不能不令人感慨万千的：既为历史的循环，重新回到起点，又为卢作孚思想的超前。

接着的问题是：如何着手乡村现代化？这是我们要讨论的第四个层面的问题。

卢作孚的回答是："（政治、经济、文化）三方面的建设诚当并重，但更当以经济建设为中心，更当集中一切力量于经济建设。"他强调，无论是政府的工作，还是法律、教育、科学研究，都应该保障和服务于经济建设。

他提出的理由，也很有意思：不但因为"任何建设，政治的或文化的，皆应以经济建设为基础"，还因为只有经济建设的发展，才能"增进人民的富力"，人民富裕了，才能增进其"完纳赋税的负担力"，从而增强国力——民富才有国强，而不是相反。卢作孚更要强调的，是"经济活动为国家最大多数人所必须参加的活动"，经济建设是最能动员最广泛的民众参与的。

卢作孚对乡村经济建设事业的理解与设计，同样是一个全面发展的构想。他说得很清楚："经济问题是人们物质生活的需要和供给的问题，包含着怎么样生产、怎么样消费、怎么样分配几个问题。"在他的具体设计中，应该特别注意之处有五。其一，强调"在乡村事业建设之先，还须调查乡村经济状况"，这样，就能从当地资源、经济状况的实际出发规划本地经济建设。他对如何使北碚实验区成为"生产的区域"，就是这样设想的："这里有丰富的煤产，可以由土法开采进化而机器开采；为了运煤可以建筑铁路；为了煤的用途可以产生炼焦厂"，"两个山脉的石灰岩石、山上山下的黄泥，加以低廉的煤炭，可以设立水泥厂；为了一个山脉产竹长亘百余里，可以设立造纸厂"，等等。这样因地制宜地发展地方产业，是一条高效、节约，并且能够直接惠及当地农民的经济发展之路，这其实就是后来"乡镇地方工业"的滥觞。其二，卢作孚特别注重"乡村交通建设"的先行作用。卢作孚创办民生航运公司，就是基于"交通运输是全世界的血脉"，交通建设"应在一切建设事业之先"的战略考量；他将其运用于乡村建设，就指出："交通事业，总需由城市而逐渐及于乡村，于城市与乡村的联络之外，亦需逐渐谋乡村与乡村联络，尤其要谋乡村输出输入的便利，以辅助改良乡村人民的经济生活。"值得注意的是，卢作孚特别注重乡村的邮政、电话建设，理由是要"予一般人民用电话说话的权利"。这已经蕴含着我们今天所说的要让农民充分享有信息自由的思想，这同样是超前的。其三，卢作孚同时把发展农村金融事业放在农村经济建设的重要地位。他把"设立农村银行"和"提倡农村消费合作社"作为农村经济公共事业的两大任务。这是出于他对农民"最感缺乏的，最感迫切需要的"愿望的深切体认。他说："一个纯粹的农村，十之八九都是农人，过着非常简单的生活。他们最感困难的是农产品正在生产期，缺乏周转资金，最需要的是在这时期有低利贷款贷给他们，最需要的是农村信用合作社的组织；我们就得联络合作机关去帮助他们如何组织合作社，如何取得贷款，以资周转。"后来他就在北碚实验区办起了第一家农村银行、第一家农村信用合作社，这都是具有开创意义的。其四，卢作孚把组织农业合作社当作农村经济建设的基本任务和基础。为此，他不但"提倡消费合作社，供给农人廉价的消费品，并分予最后所获的红利"，而且"提倡生产合作社，以公共的保证，帮助需要借款的农人，取得随时可以借款的权利"。其五，卢作孚热衷于"农村经济的公共事业"。除了前面已有讨论的农村银行、农村信用合作社之外，他还提出了建立农村"气象台"、"农事试验场"、公共"苗圃"、"开辟公用的堰塘或凿公用的井"等设想，并努力在实验区实施。这都显示了卢作孚农村经济思想视野的开阔、规划的全面，是和他的农村全面现代化总体设计紧密相连的；而提出的具体任务和措施又无一不切合农村实际，并处处考虑农民的要求和利益，在今天仍不失其指导意义。

　　这同时显示的，是卢作孚的一大特点：他是以实业家的眼光、思维、身份来参与农村建设事业的。这又是基于他对中国的国情决定的工业和农业的关系、城市经济与农村经济的关系的深切体认和独到认识。他指出："工业需要专业化，同时在这农业国度里，工业更需要为农村打算和设想。"他一再提醒人们，特别是城市的工商业者："须知农民才是最广大的买主和卖主，农村才是最广大的市场，必须先有农村市场。必须先有农村生产才有工业生产，必须先有城乡交流才有内外交流"；"人民无购买力，成品无消费市场，工业的生存当然要受严重打击"，"目前工业的失败，皆由于忽视农村问题所致"。他因此提出了一个十分重要的命题和任务：城市工商业要"面对农村"，"为农民服务"。

而且他自己也身体力行，以民生实业公司总经理和北碚峡防局局长的双重身份，动员民生实业公司的财力、物力和人才、技术优势，全力支持北碚峡区的乡村建设，或以投资形式直接参与主持，或做技术文化服务，或提供人才和物质的支援。据研究者的总结，大体上进行了五大建设工程，即：投资煤业，开创峡区煤矿业；投资交通业，建成四川第一条铁路；投资纺织业,建立大明染织厂;投资科学研发,创建科学院、博物馆;投资教育,创办兼善实业股份有限公司,以企业养学校。而民生公司自身也从中获得了发展新机遇:不仅从煤矿、铁路、染织厂的建设中获得经济利益,而且利用乡村建设所提供的良好的社会、学习环境,民生公司在北碚建立训练中心,培训了近千名骨干建设人才。如研究者所说,卢作孚实际上创造了一个"以工辅农,工(工商业)、农(乡村建设)互动"的发展模式,其意义和影响是深远的。这一点在强调以工哺农、建设新农村的今天,就看得更加清楚了。

卢作孚同时也开创了乡村建设的新模式。如研究者所说,20世纪三四十年代的乡村建设的方式,主要分为"四个方面:一为教育,一为卫生,一为政治,一为农业",或兴办农村教育,或侧重社会服务、灾荒救济,或致力农业技术改良、农业合作的推广,或推动乡村自治、自卫,而大多重在平民教育或职业教育。其中最有影响的,无论是以晏阳初为代表的河北定县实验、以梁漱溟为代表的山东邹平实验、以陶行知为代表的南京晓庄实验还是以中华职业教育社为代表的江苏昆山实验，无不如此。卢作孚的独特贡献，就在于他另辟蹊径，开创了"以经济建设为中心，以交通建设为先行，以北碚城市化为带动，以文化教育为重点"的"乡村建设实验"的新路。他作为实业家的参与，几乎是起了决定性作用的。前面提到，卢作孚的北碚实验，是"民国时期众多乡村建设实验中时间最长，成就最大的一个"，这是和实业家参与直接相关的。这本身就有很大的启示意义：最近，人们在讨论新型城镇化建设时，提出了"要动员一百家民营企业参与"的设想，应该说，卢作孚正是这样的实业家参与的先驱。

最后讨论的，是卢作孚乡村建设思想的第五个层面，或许也是最重要、最核心的层面，即他所提出的"训练人是一切问题的中心问题"的命题与任务。他这样提出问题："人人都知道目前遍中国都是问题，而且都是无法解决的问题"，"从我们看来，不是一切问题无法解决，是人无法解决一切问题。在解决一切问题之先，便要解决人的问题，便是训练人如何去解决问题"，"今天中国什么都不缺乏，只缺乏人，只缺乏有训练的人"。因此，他提出以"人人都能自立，人人都能立人"

为乡村建设的根本目标。我理解,这应该包含两层意思:一是乡村现代化建设最终要落实到"立人",即我们今天所说的"人的现代化"。二是乡村现代化建设又要依靠"人人都能自立"的建设者去推动:"我们应当每个人都是中心,每个人有每个人的工作,那每一个人每一个工作即须变成功一个事业的中心。这样,自能共同创造有力量的运动。"

卢作孚由此提出了一个非常有意思的问题:如何看待我们的事业的意义和价值?他说:"我以为我们今天做的事业,都不是最后的成功;而且终会有一天失败!"在民生公司的经营和乡村建设实验都如日中天的20世纪30年代,卢作孚做出如此判断,是令人惊骇的;而有这样的危机感恰恰是卢作孚的过人之处,而且以后的事实也证明了这一点。这就有了一个问题:"我们在这每件都免不了失败,而且不知道什么时候失败的事业上,仍然拼命地努力",又是为了什么呢?卢作孚回答说,这是因为我们做事的意义,"不仅限于事业,而且有超乎事业之上的意义在"。他接着说了一番意味深长的话:我们"觉得中华民族缺乏人才;过去一切事情，办理不好，一切问题，解决不了，那是因为缺乏人，根本缺乏一批有办法可以解决问题的人！所以我们把所做的事业，当作一个机会，一种培养人的机会"。结论是："我们做事，与其说是做事，毋宁说是造人，培养的都是青年。"这是怎样深长的民族危机感、社会责任感：卢作孚这一代人所做的一切，其最终目的都是要为我们民族培养能够担当实现国家现代化、振兴中华的重任的现代建设人才！这又是怎样高远的眼光：世界上的一切，人是最重要的；事业可以失败于一时，只要有了"有办法可以解决问题的人"，就永远有希望！作为新一代的年轻人，面对先驱们如此的殷殷期待，又该怎样加倍努力，使自己健康成长，迅速成材！

我们由此也就明白：卢作孚为什么要提出"乡村第一重要的建设事业是教育"。在他看来，乡村"需要人去建设，而人是需要教育培育成的"。他的着眼点又不止于此，他关注的更是世界发展中的中国民族的命运。他如此申说"教育之世界意义"："教育为世界文化之根源，提高民众之热力"，"近代号称强国，无一而非教育发达所致。文化衰落者，虽大国不免于灭亡，文化精进者，即最小民族犹得保其存在。"在他看来，教育是关乎民族命运和乡村建设的头等大事，必须将其置于第一位："教育经费之宜谋优裕；教育权限之宜谋扩张；教育人才之宜谋独立。"

卢作孚教育思想中，最有特色与影响的，有三个方面。

和他的"全面现代化"思想相适应，他的教育视野也相当开阔。在乡村运动中，他要推动的，不仅是中小学、大学的正规教育，更倾其力于"职业教育""成人补习学校"和"社会教育"。这也是和他的现代教育观念直接相关的。他说："在今天以前，读书是一种专业，读书人是农人、工人、商人和一切有职业的人以外的一种专业的人，所以只须有一小部分人专读书。今天以后，农人、工人、商人和一切有职业的人，都需有知识、有能力，读书便须普及，学校便须扩充到市场以外，到四乡去，尽量容纳一切应该读书的人。"教育普及，应该是一个现代社会，包括现代化乡村的基本指标。

卢作孚重视教育，立足点在为乡村建设与国家建设培养"能解决问题"的人才，因此，他强调："教育的主要目的，不在给学生以知识，而在训练学生的能力。"他并且具体提出了要训练学生的五大行为：在家庭中的行为；在政治上的行为，"知道怎样选择，怎样会议，怎样参与地方事业，怎样完成国民的责任"；在经济上的行为，"怎样养成他在职业上的技能，怎样提高他在职业上的地位，怎样教他继续不断地努力于一种职业"；在交际上的行为，"对人怎样恭敬、亲切、诚实、有信义，语言怎样明了、委婉而动听"；以及游戏的行为，"怎样运用暇时，运用人群，做正当的游戏，消灭以前社会上有的赌钱、饮酒、吸鸦片烟，种种不良行为"。卢作孚还提出，"训练学生最要紧的两点"，一是"训练他们运用科学的方法"；二是"教他们随时随地有艺术的欣赏"。可以看出，卢作孚的教育，着眼在培养"社会中的人"，而不是"书斋里的人"。因此，是要着力于培养学生在社会生活的各方面、各领域（家庭、政治、经济、交际、娱乐）的基本素养与能力。他的目标是："培育出来的小孩子，一方面是能干的，一方面是快乐的，必能够创造无数崭新的可爱的乡村，为我们愿意在里面居住的。"这样的"能干"而"快乐"

的乡村建设人才的培养目标，这样的适应现代生活需要的素质、能力的训练，恰恰是今天中国教育，特别是乡村教育所缺少的，应该成为我们今天的支教工作的重要教育思想资源。

卢作孚从他的教育思想出发，对当时（也是今天）的教育提出了批评："办学校的人都有一样的错误，认为学生只应该读书，只应该认识书本，不知学生于认识书本以外，还要到学校以外去认识自然、认识社会。"这当然不是否认书本知识的重要，卢作孚一贯提倡"做事与读书"的结合，并且认为"做事越多，（读书）兴趣越浓，了解也越深刻"。他要反对的，是将书本知识绝对化以致神圣化的倾向，他提醒世人，特别是教育者，"书本不过是记载那些知识的东西，并不是知识"，要把书本知识变成真正的知识，需要实践的检验，是要在实际生活中去体味、学习的。卢作孚同时提醒说："最好的教师，是帮助学生自己学习，帮助学生自己解决实际问题"，"要养成儿童获得知识的能力，他才能一辈子随时随地获得知识"。卢作孚的这些提醒，都是击中当下中国教育，包括农村教育的要害的。

讨论到这里，我们可以略作一个小结。卢作孚的乡村建设思想，应该有四个关键词，即"国家现代化""乡村全面现代化""乡村经济建设""以训练人为宗旨的乡村教育"。我们在阅读与讨论中，感触最深的，是卢作孚的远见卓识，因此他的思想具有强烈的当代性：他的几乎每一个论断，仿佛都是针对当下中国乡村建设中的问题发言，我们依然在做他未竟的事业。

（二）

我们现在读《卢作孚语录》的第二部分："做事为人之道。"

这里，也有四个关键词："社会"——"秩序"、"训练"——"行动"，其中有三个层面的意思。

应该说，在卢作孚思想中，举足轻重的关键词即主题词，是"社会"。我们所编的《语录》里，第一部分"乡村建设之路"的第五节："创造现代集团生活"，第二部分"做事为人之道"的第二节"人是社会的动物"，第五节"精神之改造"，都是"社会"这一主题词的展开。

这里我们不妨集中作一个讨论。

首先可以注意到的，是卢作孚在提出"中国现代化"这一命题时，对"现代化"是有自己的理解的，他提出了两个层面的要求与目标，即"现代的物质建设"与"现代的社会组织"。这样，他就引人注目地将"现代的社会组织"作为他对"现代社会"的理解，以及他的现代化想象的主要标志。对此，他在本书全文收录的纲领性文章《建设中国的困难及其必循的道路》里，有过详尽的阐发。

他的讨论的起点，是中国的国情：如何认识中国的社会？他指出：中国的地理环境决定了"最适宜于农田，自然形成了一个长时间的农业民族"，"农业民族的经济单位非常简单，简单到一个经济单位只需要一个家庭"，因此，"家庭生活是中国人第一重要的社会生活，亲戚、邻里、朋友的关系是中国人第二重要的社会生活。这两重社会生活集中了中国人的要求，范围了中国人的活动，规定了社会上的道德条件、政治上的法律制度。这两重社会生活是中国社会的两重核心"。

在卢作孚看来，这样的家庭与亲戚、邻里、朋友为核心的两重社会生活，是具有极大的"消极"作用的。它造成"中国人只知有家庭，不知有社会；实则是中国人只有家庭，没有社会"，"一出家庭，便只有个人的活动。从修养身心到学问事业都以个人为中心"；这样的"家庭与亲戚、邻里、朋友本位"和"个人本位"，造成了社会关系的畸形："用了家庭的道德条件去维持了大则天下、小则地方的关系"，"社会的奖惩亦是以家庭兴败为中心"，"为了家庭可以牺牲了家庭以外的一切"，一切都仰赖与亲戚、同学、邻里、朋友的关系；由此更形成了民族的惰性和保守性："凡涉及公共问题，则多一事不如少一事"，处世原则就是"化大事为小事，化有事为无事"；"政治上所一向要求的是清静无为"，"是卧治"，"所需要的是天下太平，只是无事"。卢作孚认为，这是造成中国严重的社会危机与民族危机的根本原因所在：它表明，中国依然处于"农业生活的状态之下"，是不适应"工商业时代"的"现代社会"的要求的，这是与"已经进化到工商业时代的民族"，西方和日本这些先进国家的基本差距所在：

"他们是进化到现代的事业，而且由地方以至于国家了，中国人则尚留滞在家庭和亲戚邻里朋友关系中"，我们"个人的要求最强烈，常常有朋友要求你培植他或帮助他，而没有社会的要求——要求一桩事业或一个地方好"，"许多朋友忙着为个人找出路，不肯为社会——一桩事业或一个地方——找出路"。在卢作孚的理解里，是"社会本位"，还是"家庭、亲戚邻里朋友本位""个人本位"，是区分"现代工商社会"和"传统农业社会"的根本标志；中国要实现现代化，进入现代社会，建设现代国家，就必须完成由家庭、亲戚邻里朋友本位、个人本位向社会本位的转变。在这背后，我们依然可以感觉到卢作孚和他前后几代人内心深处的民族危机感、焦虑感和强烈的社会责任感、时代使命感。卢作孚之所以大声疾呼：不要只追求个人出路，"青年的出路"也只是一个伪命题，必须为社会寻找出路，"中国没有出路，社会没有出路，你们青年又哪里有出路！"原因即在于此。

因此，"社会"成为卢作孚思想的主题词，绝非偶然。在卢作孚的设想里，改造、建设中国必须从创造新的社会观念和社会关系、创建新的社会组织开始，这是一条"必循的道路"。他因此为自己和志同道合者提出了这样的历史任务："下大决心，挟大勇气，从我们的手上去创造它，创造出一种社会关系，创造出一种有组织的社会的关系，创造出一种相互信赖的社会关系，创造出一种社会帮助我们，我们帮助社会，社会离不了我们、我们离不了社会的关系。无穷的快乐便会从这世界产生出来。这是我们今天以前不相信社会会有，却在眼前，就是我们今天正拼命努力经营的许多事业。"

这其实是卢作孚所经营的所有的事业——从民生公司到北碚实验——的内在追求。他不仅作理论的论证，而且作实践的努力，并在这一过程中作"精神之改造"。套用今天的俗语，这是一个全方位的系统工程。

卢作孚的讨论从人性论开始。他提出："我们说人是为己的动物，不如说人是社会的动物好。什么是社会呢？有一派社会学家说：社会是一个有共同生活关系的群体"，"人不是为己的，人是为社会的。如果社会要求是对的，我们就要遵从它；如果社会要求是不对的，我们就要努力把它改造过来"。我理解，卢作孚所提出的"人是社会的动物"这一命题，在我们的讨论范围内至少是有两层含义的。一方面，是强调自私自利并非人的本性，人在社会群体中生存，不只是"为己"，更是"为人"的，也就是说，人是有为他人、为社会服务的内在要求的，问题是通过什么样的机制，将这样有利于社会发展的人性因素引导到社会建设事业上来；另一方面，则强调人不只是经济的动物，要把人看作"社会人"，在物质的满足之外，人更要求建立和谐的社会关系，并从中获得精神上的满足，这就是我们下面所要讨论的创建集团生活的人性基础。

正是出于对人的社会性的充分估计和信心，卢作孚提出了"建设新的集团生活"的命题和目标。如研究者所说："'建设现代集团生活'的思想，是卢作孚'实业救国'与'中国现代化'主张的理论基础。所谓'现代集团生活'，就是指的现代化的社会生产关系和意识形态，或现代化的社会生产方式与生活方式。"

卢作孚自己也说得很清楚："我们要进入现代，一向的集团生活即不能不有所转变，不能不有现代的集团组织。分析起来，不能不有现代的相互依赖关系，不能不有现代的比赛标准，不能不有现代的道德条件，不能不有现代的训练，不能不训练个人去创造现代的社会环境；同时又不能不创造现代的社会环境去训练个人。这是当前的根本问题，任何事业不能避免，虽万分困难亦是必须解决的。"这一段话的含义非常丰富，值得仔细琢磨。他首先强调的，是要实现集团生活由传统向现代的"转变"，也就是前文所讨论的，由"家庭、亲戚邻里朋友和个人本位"向"社会本位"的转变。那么，所要建设的"现代集团生活"又是什么呢？卢作孚指出，其中应该包含三项基本建设，一是建立"现代的相互依赖关系"，也即建立现代人际关系、社会关系——不是传统的一切依赖家庭、依赖亲戚邻里朋友，而是一切依赖群体、依赖社会；不是传统的"家庭、亲戚邻里朋友之外，没有其他"，而要建立"社会帮助我们，我们帮助社会，社会离不了我们，我们离不了社会"的新的社会关系。 二是建立"新的比赛标准"，也即新的评价标准——不是传统的比赛对家庭、亲戚邻里朋友的贡献，以光宗耀祖、照顾亲友为衡量一个人的价值标准；而是比赛对集团事业，对社会、国家的贡献，以对集团事业、社会、国家的贡献的大小作为衡量人的价值的标准。三是建立"现代的道德条件"，也即建立新的伦理观，这一点，我们在下面再作讨论。卢作孚还要强调的，是建设这样的现代集团生活，不仅是为了集团本身的健全发展，更是为了影响、改造"社会环境"，促进社会的健全发展，并在建设集团生活和改造社会生活的过程中"训练个人"，促进人自身的健全发展。

对于卢作孚来说，建设现代集团生活，不仅是一种理想、理论的设计，更是一种社会实践和实验：思想家卢作孚与实业家卢作孚是统一的。因此，在成立民生公司时，他就明确提出要推动三大运动：一是"生产运动"，这是基础；二是"集团生活运动"，这是核心；三是"帮助社会的运动"，这是发散效应——以集团生活影响社会，以集团力量帮助社会。正如卢作孚所描述的那样："（民生公司便是一个集团，）我们在这个集团当中应该抛弃个人的理想，造成集团的理想，应该抛弃个人的希望，集中希望于集团。不但我们的工作是集团的，天天进我们的办公室或工场去；我们的学问亦是集团的，天天进我们的图书室或讲演会场去；我们的游戏亦是集团的，加入我们的音乐会和球队场去。我们的生产是集团的，有事务所，有工厂，有轮船；我们的消费亦是集团的，最短期间将要有我们的住宅、我们的医院、我们子女的学校，乃至于家属的娱乐场或运动场。个人都去解决集团的问题，个人的问题都让集团去解决。"由此形成的是所谓"民生精神"，卢作孚称之为"法宝或灵魂"，并概括为五条："一是努力"，"二是和气"，"三是以公司利益为前提，职工绝不舞弊营私，股东绝不多分盈利"，"四是联合同业"，"五是无数朋友的帮助"。

北碚农村建设实验区也是卢作孚的集团生活试验点。他如此描述实验区对青年的训练："要他们充满了对社会的要求、社会的思想、社会的活动；要求他们都非常明白现在世界的趋势、中国的困难，而且都非常明白理想的三峡而要求实现它"，"他们自晨早起床，至夜晚睡觉仍然充满了社会的生活内容。晨早起床以后，集中到运动场各依排列的运动秩序运动一小时；早餐后，开始工作；直到午后完结的时候，则又集中

33

到图书馆依所分配的研究问题读书两小时；如还有余裕时间，乃自由运动或休息；夜间，都分头去担任民众教育，或民众娱乐，或整理一日之工作或再以余暇时间自由读书"，"他们另外有一种生活的相互依赖关系、比赛标准和道德条件，是他们的行动所趋赴的"，"他们之兴趣盎然，他们之工作紧张，他们行动之可歌可泣，乃不是沉陷在家庭亲戚邻里朋友当中的人们所能领悟"。

在这样的新的现代集团生活里，培育着新的价值观、成功观、报酬观、幸福观，这是凝聚现代集团生活的精神力量，是卢作孚更为看重的。

卢作孚提出了一个很有意思的命题：要"变更社会要求"，"创造新社会的引诱"。这一命题的出发点依然是："人是社会的动物，是由社会的刺激而起反应的动物。"问题是社会如何刺激，向哪一个方向引诱？卢作孚指出，在家庭、亲戚、邻里、朋友和个人本位的传统社会里，人与人之间的竞争、欲望，都是"一种社会兴趣促成的"："一些人都盛传某人在外面做官，又汇二十万回来了，都相互勉励，你快生个好娃娃，将来也这样做官去，于是做官人以找钱为能干、为体面，乃正贪官污吏之所由来了。"这样的"比较性竞争"，唤起了人们的"比较欲求"，即以"能赚钱与给家庭增面子"为人生第一追求、社会评价的唯一标准。在这样的社会要求、引导，实际也是人性的诱导下，人必然"（为）取得其所未有，要或偷或抢，所得唯一的结果，便是不断地争夺"，人与人的关系也就极度恶化了。卢作孚的问题是，我们能不能改换一种社会要求、人性引诱，建立新的"公共理想"？"不要求人以所有的，而要求人以所为的在社会上表现"，并以此做出社会评价，"如果你有一段好的演说，全体听众便都鼓掌"，"如果你有了新的科学发现，便为举国所争先研究"，"如果你为社会担当了大难，便万众欢迎；如果你为社会创造了幸福，便万众庆祝"，"你的生路会沉溺在这强烈的社会要求当中，如痴如醉，如火如荼，比较沉溺在漂亮的衣服、高大的房屋、名贵的陈设、富有的财产、出人头地的地位，其要求人的力气和生命，要深刻而浓厚"。卢作孚这里所说的创建新的公共理想、变更社会要求、创造新的社会评价标准，其实就是要创造和建立新的价值观、新的幸福观。

这确实是前所未有，又是健全的集团社会生活所必需的精神追求与境界：

> 人生的快慰不在享受，而在创造幸福；不在创造个人的幸福，供给个人享受，而在创造公众幸福，与公众一同享受。最快慰的是且创造，且欣赏，且看公众欣赏。这种滋味，不去经验，不能尝到。

> 我们应努力于公共福利的创造，不应留心于个人福利的享受。

> 工作的意义是应在社会上的。工作的报酬亦应是在社会上的。它有直接的报酬，是你做什么就成功什么。你要办一个学校就成功一个学校。……它有间接的报酬，是你的成功在事业上，帮助却在社会上。你成功了一个学校，帮助了社会上无数读书的小孩子，或培植了未来社会上无

数需要的人才。……最好的报酬是求仁得仁，建筑一个美好的公园，便报酬你一个美好的公园，建设一个完整的国家，便报酬你一个完整的国家。这是何等伟大而且可靠的报酬！它可以安慰你的灵魂，它可以沉溺你的终身，它可以感动无数人心，它可以变更一个社会，乃至于社会的风气。

人的成功不是要当经理、总经理，或变成拥有百万、千万的富翁，成功自己；而是盼望每一个人都有工作能力，都能成功所做的事业，使事业能切实帮助社会。

我们做生产事业的目的，不是纯为赚钱，更不是分赃式地把赚的钱完全分掉，乃是要将它运用到社会上去，扩大帮助社会的范围。所以我们的目的，往往是超赚钱的。

在今天以前，中国坏人固不论。即所谓好人者，亦大有不妥处。我人所称之为好人，往往即指不做坏事者之谓。不做坏事，亦即为己，因彼所为者，为一己成好人而已，不爱利而爱名，名即自身之名，中国不需要此种人。吾人做好人，必须使周围都好。只有兼善，没有独善。

卢作孚显然想通过这样的新的价值观的倡导，在现代集团内部创建一种新的人性秩序，以此影响社会。

卢作孚关于创造现代集团生活和新价值观、幸福观的思想，对于当代中国志愿者来说，也许是更为亲切的：我们的志愿者组织，本身就是卢作孚现代化理想中所期待的"现代社会组织"，也是卢作孚所创造的民生公司和北碚实验区的现代集团生活传统的当然继承者。因此，读他的有关论述，往往会引起关于我们自己的联想。我曾经说过，志愿者公益组织已经走过了初创阶段，而进入了一个新的发展时期，内外环境都发生了很大变化。这样，志愿者公益组织自身的建设问题，就提上了议事日程。在这方面，卢作孚这样的先驱者当年的思考与实践，是具有极大的借鉴意义的。

比如，卢作孚当年反复强调的，要建立现代集团生活，必须实现由家庭、亲友和个人本位向社会本位的转变，就是今天志愿者公益组织的自身思想建设所面临的问题。参加志愿者组织的许多年轻人从小受到中国传统的家庭、亲友本位思想的影响，他们又生活在一个强调个人本位的时代，恐怕许多人至今也还是以为个人和家庭寻找出路的思想指导自己的行动的。参加志愿者组织，当然表明他们已经有了为社会服务的要求；但要成为一个真正自觉的志愿者，也还需要建立新的价值观与幸福观，其中的一个核心问题，就是如何处理个人、家庭与社会的关系。卢作孚在这方面的思考与实践，就具有极大的启示性。当然，启示不等于全面认同，他的观念也是可以讨论的。比如，在我看来，过分强调个人为集团利益牺牲，自己是有可能被利用的，其前提"个人去解决集团的问题，个人的问题都让集团去解决"，即所谓"人人为社会，社会为人人"，是具有某种空想社会主义的乌托邦色彩的，这也是卢作孚那一代人的特点；问题是，卢作孚凭借个人的道德力量和影响，可以在他主持的事业上局部做到这一点，但要普遍实行，就得有一系列制度的保证。

这些问题，都是需要在理论的探讨与实践的探索中去逐步解决的。

（三）

卢作孚关于"秩序"和"行动"的思考，则关系到现代集团生活，包括今天的志愿者运动的组织建设的问题。

"秩序"，也是卢作孚思想的关键词。他这样提醒我们："我们向来亦都知道教育、交通、经济事业是建设上的重要问题。此外还有更重要的问题，是根本，是解决一切问题的前提，我们却忽略了，便是如何建设秩序的问题。"他反复强调："民主国家的人民应有一切的自由，同时国家应有整个的秩序"，"要政治上轨道，正是要政治有秩序"，"人们有了公共生活，便必须有秩序"，"就个人生活中间，亦应建立一种秩序，公共秩序的建设，其繁复，其困难，比个人大大有加，其细致却一样。如果大家没有秩序的习惯，绝不宜急遽地训练。所以这不但是建设一切事业的根本问题，尤其是第一个困难的问题"。

这是一个重要提醒。在我看来，它对今天的中国志愿者运动，正是对症下药。据我的观察，志愿者有两大特点，一是志愿的选择，因此，每个人都有极强的自主性，凡事都有自己的主见；二是参加志愿者活动的人，都有极强的个性，和极强的民主意识。这些本都是志愿者的长处，发挥得好，会成为志愿者运动的优势；但如果不做正确的引导，也会产生负面的问题。特别是如果把民主与集中绝对对立起来，把自由视为不受任何限制的个人的为所欲为，就会导致无政府主义倾向，拒绝任何"秩序"；在现实生活和工作里，就会各执己见，各行其是，陷入无休止的争论之中，很难形成集体的意志和行动，彼此之间也很难合作，无法形成和谐互助的群体。据我所知，当下的志愿者公益组织不同程度地存在着这样的问题。在这样的情况下，卢作孚先生关于"建立秩序"的思考与实践，就特别具有现实性和相当的可操作性。

卢作孚认为，所谓"秩序"问题，实际是一个"管理"问题。他提出现代生产有"两个武器"："一个是'技术'，一个是'管理'。技术要有控制机器的能力；管理就是管理一群人的行动，管理一群人在整个秩序范围之内行动。"这样，卢作孚就把管理问题和他最为关注的中国现代化问题联系在了一起。在他看来，"中国人一向用在农业社会里的办法：用在农业社会里的技术和管理，仅仅根据了常识，仅仅根据了经验，而那经验并未经过科学方法的整理，用来应付非常繁复、非常正确的现代的工商业的物质设备，非常繁复、非常紧张的现代工商业的社会组织，断未有不一切失败的"。因此，他认为，技术和管理的落后，是中国和西方、日本等先进国家的重要差距，这个问题不解决，"一切不安全"。结论是："技术与管理才可以救中国"，"我们要鼓起勇气，坚定信心！凡白种人做得来的，黄种人都做得出来！……只要学会了他们的技术和管理，便能做出他们的事业……而且后来居上"。这样，卢作孚就从促进中国经济、社会、教育、文化事业的现代化出发，以实现民族振兴的高度，提出了各项建设事业都必须"专业化"和"树立现代管理制度"的问题。

卢作孚这里提出的"专业化"与"树立现代管理

制度"的问题，同样适用于志愿者公益组织这样的社会工作。我曾经参加过一个"社会工作专业携手志愿者组织"的论坛，在会上发表这样的意见："在一定意义上可以说，志愿者也是社会工作者，因此，他也需要专业的知识与能力。也就是说，我们最初都是身怀一种理想、一腔热情，参与志愿者的公益活动。但这只是一个起点，我们并不能满足于此。因为一个真正好的志愿者必须追求服务的质量，你要真正地为弱势群体谋利益，除了发挥你自己的专业特长，如学农的在农业技术上帮助农民，学医的给农民治病，等等，你还必须具备社会工作所必需的专业知识，如法律、社会学、心理学、教育学、经营管理学等方面的知识，而且还要有相应的能力，掌握一定的工作方法和技巧。"也就是说，志愿者组织发展到一定程度和水平，就必须明确提出"志愿者组织的专业化"的问题、"建立现代管理制度"以及"培养和提高志愿者的管理素养和能力"的问题。

谈到专业化和管理，就不能不提到卢作孚的另一个使用频率仅次于"社会"的关键词："训练"。在前面我们已经讨论了卢作孚"训练人"的思想，这里要就"训练"一语作一点补充。他强调："人都是训练起来的"，"我们所需要的亦不是天生圣人贤人，是一切人有训练"。我理解，卢作孚之所以要着意于"训练"，是因为他的着力点不仅在思想、观念的教育，更在发现问题、解决问题的专门知识和技能、方法的培训，以及习惯的养成。他的这一"训练"思想是贯穿一切方面的，不只限于对企业和乡村建设人才的培训。比如在讨论乡村自治、底层民主建设时，他就特别重视对乡民的训练：不仅要唤起他们"管理公共事务的兴趣"，而且要"训练大众管理公共事务的方式"。他特别强调："开会和选举，是自治问题中间两个中心问题。他的意义和他的方法，是应训练镇乡人民完全弄清楚的。怎样推选主席、怎样提出议案、怎样讨论、怎样表决、是开会应有的问题。怎样选择人、怎样投票，是选举应有的问题，必须随时、随地训练人民。"也就是说，在卢作孚看来，要真正实现乡村自治和民主，不仅要使大众具有民主意识，而且要懂得实行民主的方法，最后形成习惯，这都需要训练，而且要落实到最基本的"如何开会、选举"这样的细枝末节的训练上。这是极有启发性的：许多人都喜欢空谈民主，而不知民主方法的训练和习惯的养成；我们对乡村民主的推动也应该落实到解决具体的问题（"如何开会、选举"等）上。

我们再回过头来讨论卢作孚的管理思想。他写有题为《工商管理》的专文，在企业和社会组织的管理上有大量的论述，其特别可注意之点，大概有五。

一、他认为，"管理的基本建设"应是"心理"的。"工作人员必须有事业上的远大的志趣与工作上的当前的兴趣。"也就是说，调动工作人员的积极性，应该是管理工作的出发点和归宿。

二、他强调："控制人事的管理是全厂大家的事，上至总经理，下至工人都要懂得管理，管理制度才能迅速树立起来。"这里已经包含了管理民主的思想了。

三、他主张，"今天以后的中国，应靠法制不能靠人治。所需于人的，亦重在造法的训练，守法的训练"，要处处"照顾到全局，要遵守公共规律，这是组织的精神，亦即是法治的精神"。"工商管理的方法即系建设秩序的方法，建设每一个工作人员活动的秩序，建设一群工作人员相互配合行动的秩序。秩序而以成文表现之，即系'法'。任何管理皆有不可少的三事：（1）创造'法'；（2）执行'法'；（3）遵守'法'。"立法之前，应即审慎，立法之后，应即森严，不准任何人违犯。""法治"管理，这大概是卢作孚管理思想的核心。

四、他进一步提出，要使"尊重法律"成为"习惯"："即使没有法官裁判，亦有舆论裁判，即使没有警察干涉，亦有旁人干涉，法律乃能彻底发生效力。"而且"不特有成文法，也有不成文法，大家都行之若素，习以为常，不必监视，不必督促，而人人自然奉行"。有这样的舆论裁判和不成文法，就可以形成集团里人人高度默契的"共同做事的原则和办法，并且大家都忠实地履行，忠实地遵守"——这才是管理秩序的最高境界。

五、在卢作孚看来，管理的目的在于使每一位工作人员能够"有秩序的活动，有效率的活动"；其关键在要有"细致的分工、亲切的合作"。"要从一个严整的系统上，甲做这样，乙做那样，各个不放弃责任，相互不失掉联络"，"事业愈伟大，纵横错综关系愈复杂。在纵的关系中，必须每层有其明了的责任；在横的关系中，必须有相互明了的联系，乃不致职责混淆，系统紊乱"。一方面，"一事业而有最高才能的领导者，不在凭个人的天才监督人群"，而应充分"发挥整个社会组织的能力"；另一方面，又要强调，每一层机构都"直接负起处理直接范围内的事务的责任"，每一位工作人员"有困难自己克服，每个人执行自己的任务，自己的事要求自己办完"。"一个严整的组织下面，无论其为首长，或为从属，每个人都有权，而权都有限。不容人在权限以外做坏事，亦不容人在权限以外做好事。"这样，每一个部门、每一个成员，都明确自己的责任与权限，尽力办好自己职能范围内的事，又相互联络，相互合作，就可以在充分发挥处于每一个层次、环节上的每一个人的积极性、主动性的基础上，形成有组织的集团力量。

而要形成一个相互理解与支持的和谐的群体，还有一个"如何待人，如何相处"的问题，这可能也是今天的志愿者公益组织经常遇到并必须正确处理的问题。卢作孚凭着他丰富的社会经验和工作经验，在这方面有许多具体论述。这里也只能略说一二。比如，"人

有不可容的事，世无不可容的人"，"假定我们看清了
我们离我们理想的社会的距离，那么，我们就不应该
责备他人、形容他人、痛骂他人，我们应该像爱护无
人照顾的小孩子一般的爱惜他们、同情他们、帮助他
们"，"我们对人（要）有两（个）美德：一是拯救人
的危难；二是扶助人的事业"——这里仍然有一个人
性论的问题：人性本身是善恶并举的。每个人都有他
的弱点，甚至恶的方面；但正如卢作孚所说，只要你
承认社会永远是和我们的理想有距离的、有缺陷的存
在，那么，对他人的不足，就应该有一种理解和宽容，
而不能轻易责备和痛骂，这就是"世无不可容之人"。
另外，也要坚信，每个人都有善的方面，也都有需要
他人帮助的地方和时候，这就是卢作孚提出要"拯救
人，扶助人"的道理。我理解，他所说的"拯救"和"扶
助"，并不是要求人们当"救世主"，而是要善于将他
人内在的人性的善的方面发扬起来，将恶的方面压抑
下去，这样"扬善抑恶"就能达到"拯救人，扶助人"
的目的。在我看来，这样的"扬善抑恶"应该成为集
团里人与人相处的基本原则：对别人的弱点、恶的方

面，心里要有数，要有一种宽容的态度；对别人的优点、善的方面，更要有充分的认识和估计，这样，彼此就能以善相处：自己以最大的善意对待他人，同时也真诚地学习他人的善处，彼此都最大限度地释放善意，恶的方面就自然被压抑了。一个好的集团、群体就应该努力营造一个"扬善抑恶"的环境和精神空间，这对建设新的人性秩序，是至关重要的。

卢作孚提出的新的人与人相处的原则还有："对人的行为，宜找出好处；对自己的行为，宜找出错处"；"对人诚实，人自长久相信；好逞欺饰，人纵相信，只有一次"；"处世接物，应抱受气、吃亏两大种主义"。这样的"严于己，宽于人"的原则，既是中国传统道德，也应该是一种现代道德，它与"弱肉强食"的逻辑是对立的。

这些精辟、警世之言，都是前辈经验的结晶，足以做我们的座右铭，也都具有可操作性，建议年轻朋友不妨结合自己和周围的实际，以及卢作孚先生的实践，对其"为人之道"做更深入的讨论。

最后要讨论的，是卢作孚关于"改造社会靠行动"

以及"如何做事"的思想,这和我们的志愿者运动的关系,就更加密切了。

"我们应一致反对的是空谈,应一致努力的是实践。"这确实是我们和卢作孚那一代实践家最"一致"的地方。

但卢作孚又提醒我们:我们的实践不是盲目的,是有强烈的对国家、社会、历史的"使命感"作为支撑的,又是有自觉的思想的:"我们不但要求活动,尤其要求在活动中产生思想:第一是运用思想去寻找我们的问题","第二是运用思想去寻求解决问题的方法","第三是不怕失败去运用思想解决问题"。我们追求的始终是思想和实践的统一。

卢作孚还把自己的行动称为"微生物的行动",这是意味深长的。

这是由一次对话引发的命题:"民国十一年(1922)在川南工作时,曾邀一个川外人来演讲。他说:'请大家认识我,我是一颗炸弹。'我解释说:'炸弹力量小,不足以完全毁灭对方;你应当是微生物,微生物的力量才特别大,才使人无法抵抗。'看见的不是力量,看不见的才是力量。"

这段话，颇耐琢磨。在我看来，有两层意思：

其一，是微生物，不是炸弹，强调的是建设的力量，而非破坏的力量。卢作孚明确表示，他主张"采用改良社会的办法"，而非"以暴易暴"。

其二，是微生物，不是炸弹，强调的是持续的、"看不见"的力量，而非轰动一时的"看见"的力量。

这样的"看不见"的力量，又具体体现为两种改良（改革）方式、行动路线。

一是"从自己开始，从眼前做起"："从眼前做起，决心改造当前的环境，做法要彻底"；"从当前个人所能接触的人起，只要能下决心，改革了自己，再改革一个人，让那个人有力量，再改革另一个人就够了。这就是力量。这力量在相当时间就能改造中国；在相当时间就能改造世界。拿数理来说，今天我以一个人，明天两个人，后天四个人，这等比级数继续下去……每个人坚决造行动，继续不断地努力，不管名誉地位，不问个人的成功，只问社会的结果。我相信，这样一定有结果。这结果在社会，不在个人"，"到那时，也许自己还在小事上，但心里安慰了"。这是一条"由自己到他人到社会","由眼前到长远","由单一个人到少数人到多数人"的不断积累、等比级数逐步推动的改革路线,是一条"不计个人名利,不求一时之效,着眼长远,只顾耕耘,不顾收获"的改革路线,这背后是一种准备长期奋斗的韧性精神,如卢作孚引述的哲学家柏格森所言:"它的变化,是绵绵不断的,这才是伟大的力量。"

二是"从大处着眼,小处着手":"横的方面,事业要做到大的范围,却应从小的范围起;纵的方面,事业要做到大的进步,却应从小的步骤起。许多事业进行起来,都是起初艰难,后来便渐渐容易;起初缓慢,后来便渐渐快利。所以起初从小处着手、用力比较经济。"

强调从小事做起,还出于对自己所从事的建设事业的深刻体认:"国家虽大,其建设秩序的工作细致","都是一点一滴的问题,不是大刀阔斧的问题。合无数一点一滴以成一桩事业的系统","因为小的关系,所以才把它做得极细致。最细致的地方,最能造成广大的影响"。这背后依然有一种精神:鲁迅说的"不怕做小事情"的泥土精神，认真、细致，做事务求彻底、完美的建设精神。这也就是卢作孚的"微生物精神"。

在我看来，这样的微生物精神与作用，不仅是当年卢作孚主持的社会组织，也是今天的志愿者公益组织的特色，及其特殊价值所在。无论是历史的，还是现实的社会组织，都遵循一个原则：从改变自己和周围的存在开始，以此推动社会存在的改变。我把它叫作"静悄悄的存在变革"。由此产生四个特点。一是它的异质性，这是不同于社会主流的另一种选择，就像前面讲到的那样：当大多数人以家庭、亲友、个人为本位时，我们选择社会本位；当社会风行弱肉强食的丛林法则时，我们选择克己利人的为人处世的方式，等等。我们要创造的是一种新的价值观、新的人与人的关系、新的生活方式。二是它的和平渐进性：我们不采取直接对抗的方式，而是在现行的框架内加进一个异数，创造"第二种文化""第二种教育""第二种存在"，以致逐渐影响社会。三是它的民间性、草根性。我们倡导的从改变自己和周围存在开始的变革，是每一个普通人，特别是底层民众都可以参与的，它要推动的是自下而上的改革，从而和自上而下的改革形成相互补充、制约的关系。四是它的行动性，就像卢作孚强调的那样，它是"从大处着眼，从小事着手"的，是可以落实为一件件具体的事情的，是具有可操作性的。而在"小事情"背后，又有"大问题"，简言之，就是要创立扬善抑恶的新的人性秩序，进而创立公平、正义、民主、自由的新的社会秩序。

卢作孚更为在意的，是如何做好"小事情"。这也显示了卢作孚的特点：他是以实业家的精神，来创造现代集团生活、推动乡村运动的实验的。他说得直接而朴实："一言以蔽之：'做'而已"，"做，就有一切；不做，就什么也没有"。他说最要警戒的是两种状况：一是"根本不做"，二是"做虽做，但一遇困难，或遇有困难之可能时，便放弃不干"。他因此主张：要以"百折不回，不成功不止的精神"去做事情。这大概也是卢作孚的做事风格。

我在读《卢作孚文集》时注意到，早在1929年他就写过一篇《怎么样做事——为社会做事》，到1934年他又在原文基础上，补充扩大为一篇同题文章，但加了一个副题"偶感嘉言录"。可见卢作孚是十分注意总结自己的做事经验，并以此留给后人的。卢作孚的这些"偶感嘉言"内容非常丰富，充满人生智慧，很值得仔细琢磨、认真汲取。这里摘录一二：

　　做事不怕慢只怕断。

　　天下事都艰难。我们若能战胜艰难，天下便无难事。

　　事求妥当，第一要从容考虑，第二要从容与人磋商。

　　无论做什么事，事前贵有精密的计划，事后尤贵有清晰的整理。今天整理出来的事项，不但是今天的成绩，又是明天计划的根据。

　　苟安是成功的大敌。应该做的事情，每因苟安终于不做，应该（废）除的嗜好，每因苟安终于不除。

　　做事莫嫌小，愈小愈做得好。

　　一人一事主义：每一个人，无论在哪一个空

间（或在一个时间），都集中心力专做一件事。

平时胆子小，有事胆子大。无事时有事，有事时无事。

各种事情都要天天有想法，天天进步和改良，没有一个可以永停的地位，一种可以永守的方法。

这些都可以叫作"卢作孚精神"，是可以作为我们工作和人生的座右铭的。

2013 年 9 月 10 日至 19 日断断续续写成

卢作孚论"中国的建设问题与人的训练"[*1]（语录）[*2]

*1 此为 1935 年 3 月上海生活书店出版的卢作孚一部著作的书名，我们借用来概括卢作孚的思想。

*2 本语录的编写，参考了张维华选编《卢作孚箴言录》（青岛出版社，2011 年出版），特此说明，并致谢。

一　乡村建设之路

（一）现代化：中国的根本办法

我觉得中国急切需要的是根本的问题的讨论和解决方法的追寻，而不是枝节的批评。徒有这桩事与那桩事的批评，这个人和那个人的批评，无裨于中国问题的解决。只是为了现状想办法，而不是为了变更现状想办法，绝无解决一切问题的希望。

内忧外患是两个问题，却只须一个方法去解决它。这一个办法就是将整个中国现代化。换句话说：就是促进中国完成现代的物质建设和现代的社会组织。

——《从四个运动做到中国统一》（1934年1月29日）

中国的根本办法是建国不是救亡。是需要建设成功一个现代的国家，使自有不亡的保障。

我们觉得复兴中华民国只有这一条道路，只有运用中国人比世界上任何文明民族更能抑制自己、牺牲自己，以为集团的精神，建设现代的集团生活，以完成现代的物质文明和社会组织的一个国家，才可以屹立在世界上。

——《建设中国的困难及其必循的道路》（1934 年 8 月 2 日）

一个国家的安全必须掌握在自己的手里，……必须自己支配自己的命运，必须装配自己，训练自己，使其强力足够维持自己的生活，自己力能抵御强敌的侵略……确立公众的良好秩序，完成一切物质基础的建设，提高人民的生活水准和文化水准，使国家成为一个本身健全的现代国家。

——《论中国战后建设》（1946 年 2 月 15 日）

（二）基础在乡村现代化

（1）乡村的重要地位

（我们在四川嘉陵江三峡）试做一种乡村运动，目的不只是在乡村教育方面，如何去改善或推进这乡村里的教育事业；也不只是在救济方面，如何去救济这乡村里的穷困或灾变。中华民国根本的要求是要赶快将这一个国家现代化起来。所以我们的要求是要赶快将这一个乡村现代化起来。

——《四川嘉陵江三峡的乡村运动》（1934年10月1日）

向来县以上的政治机关，都在城市里边，所以政治上的种种经营，往往集中于城市……形成了一种城市中心的政治。然而乡村地位仍是十分重要。

第一是政治的关系。政治的问题最后是全国的问题，它的基础却在乡村。……乡村人民不能自治，不肯过问利害切身的乡村问题，便完全让土豪劣绅专横；自然，他们更不肯过问眼前以外的地方乃至国家的政治问题，便完全让军阀官僚专横。一个乡村问题放大起来，便是国家的问题。

第二是教育的关系。……乡村是不断地供给城市人口的地方，如因教育缺乏，供给的都是无知识的人口，那不唯于城市文明没有帮助，反而妨碍不小。乡村教育如果不发达，不但是乡村问题，而且变成城市问题了。

第三是经济关系。乡村经济事业不发达，乡村的人民便愈往城市跑，乡村的农作和工作，便会乏人担负了。……乡村经济事业如没有同样的速度进展，亦必引起城市原料的恐慌。……不但乡村人口逐渐减少，会成了乡村问题，城市人口无底止地逐渐加多，更会成了城市问题。

——《乡村建设》（1930 年 1 月 7 日）

（2）何为"乡村现代化"

我们如何将这一个乡村——嘉陵江三峡现代化呢？请看将来的三峡：

1. 经济方面

（1）矿业：有煤场，有铁厂，有矿厂。

（2）农业：有大的农场，有大的果园，大的森林，大的牧场。

（3）工业：有发电厂，有炼焦厂，有水门汀厂，有造纸厂，有制碱厂，有制酸厂，有大规模的织造厂。

（4）交通事业：山上山下都有轻便铁道、汽车路，任何村落都可以通电话，可通邮政，较重要的地方可通电报。

2. 文化方面

（1）研究事业：注意应用的方面，有生物的研究，有理化的研究，有农林的研究，有医药的研究，有社会科学的研究。

（2）教育事业：学校有试验的小学校、职业的中学校、完全的大学校；社会有伟大而且普及的图书馆、博物馆、运动场和民众教育的运动。

3. 人民

皆有职业，皆受教育，皆能为公众服务，皆无（不良）嗜好，皆无不良的习惯。

4. 地位

皆清洁，皆美丽，皆有秩序，皆可居住，游览。

——《四川嘉陵江三峡的乡村运动》（1934 年 10 月 1 日）

（我们）造起一个理想，是要想将嘉陵江三峡布置成功一个生产的区域、文化的区域、游览的区域。因为这里有丰富的煤产，……可以形成一个生产区域。

以职业的技能、新知识和群的兴趣的培育为中心，做民众教育的试验；以教生产方法和创造新的社会环境为中心，做新的学校教育的试验；以调查生物——地上的出产、调查地质——地下的出产，又从而分析试验，做科学应用的研究；并设博物馆、图书馆、植物园、动物园以供参考或游览。如果在那山间、水间有这许多文化事业，可以形成一个文化区域。凡有市场必有公园，凡有山水雄胜的地方必有公园，凡有茂林修竹的地方必有公园，凡有温泉或飞瀑的地方必有公园，在那山间、水间有这许多自然的美，如果加以人为的布置，可以形成一个游览区域。这便是我们最初悬着的理想——一个社会的理想。

——《建设中国的困难及其必循的道路》（1934 年 8 月 2 日）

创造文化事业和社会公共事业。……

第一是现代生活运动。

（一）新知识的传播。凡现代国防的、交通的、产业的、文化的种种活动，当中有了新记录，机器或化学作用，有了新发明，科学上有了新发现，必须立刻广播到各机关，到各市场和乡间。

（二）新闻的传播。今天世界的、中国的、四川的乃至三峡的消息，举凡大众应该知道的事件……到处的新闻简报必须写出来，更须在人群集中时候扼要报告。

（三）生活常识。……

第二是识字的运动。……

第三是职业的运动。民众教育主要的意义在增进人们谋生的机会。……

第四是社会工作的运动。……促使大众起来解决码头的问题，道路的问题，桥梁的问题，公共集会和游览地方的问题，公共预防水灾、火灾的问题，公共卫生的问题。不但是大众出力，大众出钱，而且是大众主持。由这些具体的活动以引起大众管理公共事务的兴趣，以训练大众管理公共事务的方式，以完成地方自治的组织，尤其是进入现代化的经营。

——《四川嘉陵江三峡的乡村运动》(1934 年 10 月 1 日)

乡村的自治建设……

仅仅关系本镇本乡中的事宜亦应另有监督的机关，

更亲切的监督和主持建设的人员，才不至误事或越轨。谁担任这样的监督责任呢？唯一的是人民的代表会议。第一是解决全镇乡本身的重大问题，与他镇乡无关系的。第二是选择镇乡长和各委员。开会和选举，是自治问题中间两个中心问题。它的意义和它的方法，是应训练镇乡人民完全弄清楚的。怎样推选主席、怎样提出议案、怎样讨论、怎样表决，是开会应有的问题。怎样选择人、怎样投票，是选举应有的问题，必须随时、随地训练人民。……

一切建设的人员可以由选举或上层机关遴选产生出来的。但是他的专门的知识和技能是需要特殊训练的。……我们建设事业以前，应先建设我们的行为、能力和习惯。

——《乡村建设》（1930 年 1 月 7 日）

（三）建设应以经济为中心

（1）以经济建设为中心

（政治、经济、文化）三方面的建设诚当并重，但更当以经济建设为中心，更当集中一切力量于经济建设。政府机关是用以管理经济建设的，法律是用以保障经济建设的，教育是用以培养经济建设所需要的人才的，科学研究是用以克服经济建设所遭遇的困难的。

为什么应以经济建设为中心呢？

第一，任何建设，政治的或文化的，皆应以经济建设为基础。政府要管理一个极大的国家，必赖铁路、公路、航路的运输便利。要能抵御侵略，必须有强大的陆海空军，必须有大量的大炮、坦克、军舰、飞机的装备。必须有大量制造大炮、坦克、军舰、飞机的工厂。学校要有实际有效的教育，必须有丰富的图书、仪器、模型、标本；科学研究的实验室里，要做有结果的实验，必须有充分的图书、仪器、药品和一切实验所必需的设备，必须有印行图书、制造仪器及供应一切的工厂。因此，必须首先着重经济建设，尤其发展工业，否则一切皆感空虚，皆成问题。

第二，必须增进人民的富力，乃能增进人民对于国家完纳赋税的负担力。

第三，经济活动为国家最大多数人所必须参加的活动。……政治应为最大多数人谋最大幸福，对于最大多数人从事经济活动，应首先予以帮助，故应先致全力于经济建设的运动。

——《论中国战后建设》（1946 年 2 月 15 日）

经济问题是人们物质生活的需要和供给的问题，包含着怎么样生产、怎么样交换、怎么样消费、怎么样分配几个问题。经济建设，就是用来解决这些问题。

我们在乡村事业建设之先，还须调查乡村经济状况……同时应筹备关于经济的公共事业。第一是气象台……第二是农事试验场……第三是建立苗圃……第四是开辟公用的堰塘或凿公用的井……第五是设立农村银行……第六是提倡合作社，提倡消费合作社，供给农人廉价的消费品，并分与最后所获的红利；提倡生产合作社，以公共的保证，帮助需要借款的农人，取得随时可以借款的权利。

此外还须指导农人改良副业……改良工具和工作方法，制造农产原料，供给农人需要，并倡办工厂。指导商人运销农人产品……

乡村的交通建设。……交通事业，总需由城市而逐渐及于乡村，于城市与乡村的联络之外，亦需逐渐谋乡村与乡村的联络，尤其要谋乡村输出输入的便利，以辅助改良乡村人民的经济生活。第一须建设道路……第二便须经营河流。……邮政……电话……予一般人民用电话说话的权利。

——《乡村建设》（1930 年 1 月 7 日）

（2）城市工商业要面对农村

城市工商业应在政府和公营事业的领导下，赶快面对农村。……须知农民才是最广大的买主和卖主，农村才是最广大的市场，必须先有农村市场。必须先有农村生产才有工业生产，必须先有城乡交流才有内外交流……工商业界应准备一切，为农民服务。

——《在西南军政委员会第二次委员会议上的发言》（1951 年 1 月）

工业需要专业化，同时在这农业国度里，工业更需要为农村打算和设想，人民无购买力，成品无消费市场，工业的生存当然要受到严重打击。……余再三呼吁工业到农村去，目前工业之失败，皆由于忽略农村问题所致。一般人都只注重到农村的繁荣，并忘却了物质最好的市场的农村。……

余觉后方之工业应与政府密切合作，积极改良生产以应农村需要，并促进农业的大量生产。目前应速办者为：（1）发展水利灌溉工程；……（2）遍设小规模的化肥厂；……（3）应广设粮食仓库……希望在政府领导下，各业通力合作开发农村，奠定吾国国民经济基础。

——《游美观感》（1947 年 4 月 18 日）

（四）训练人是一切问题的中心问题

（1）与其说是做事，毋宁说是造人

人人都知道目前遍中国都是问题，而且都是无法解决的问题。不管它是教育问题或经济问题，军事问题或政治问题，都是一样无法解决的。从我们看来，不是一切问题无法解决，是人无法解决一切问题。在解决一切问题之先，便要解决人的问题，便是训练人如何去解决问题。

……我们所需要的亦不是天生的圣人贤人，是一切人有训练。……

无办法的社会，岂止没有训练出有办法的人才，即令有了人才，亦要被它毁坏。第一便是专门技能要被它毁坏。……第二是高尚志趣要被它毁坏。……第三是良好的习惯要被它毁坏。无办法的社会，使许多有志趣的人才，不肯同流合污，则消极、厌世、悲观，或竟自杀了。……

所以今天以后训练人是一切问题的中心问题，而且是建设秩序的前提。……不但我们要训练得人能做事，能够从事业上建设秩序；还要训练得人能够影响社会，同时绝不受社会影响，绝不被社会毁坏下去。这样养成强健的风气，才能解决今天以前不能解决的问题，才能建设一切事业。

——《四川人的大梦其醒》（1930 年 1 月）

如这根本问题——人之训练的问题——不解决，则所有社会的一切问题，都不能解决，因为没有人去解决。

如何训练人，使能创造中国的新社会，使成现代的？……

只要训练人成功，不要怕所创造的社会失败，即是不要怕所经营的事业失败。不管它是一个公司或是一个医院，只要人成功，一个公司失败了，会有若干公司成功，一个医院失败了，会有若干医院成功。今天中国什么都不缺乏，只缺乏人，只缺乏有训练的人，所以根本在先解决人的问题，解决人的训练问题。

——《中国的根本问题是人的训练》（1934 年 3 月 20 日）

我以为我们今天做的事业，都不是最后的成功；而且终会有一天失败！在哪天失败，目前亦不宜卜。那么我们在这每件都免不了失败，而且不知道什么时候失败的事业上，仍然拼命地努力，它的意义，就不仅限于事业，而且有超乎事业之上的意义在。

今天所做的事业，不过是取得一种机会，并不是一种目的。然而我们又把这当作什么机会呢？即是觉得中华民族缺乏人才；过去一切事情，办理不好，一切问题，解决不了，那是因为缺乏人，根本缺乏一批有办法可以解决问题的人！所以我们把所做的事业，当作一个机会，一种培养人的机会。故常常同朋友们谈到，过去我们做事，与其说是做事，毋宁说是造人，培养的都是青年。……

培养人的目的，不是为这被培养的人，而是为所努力的事业；还有一点，就是事业的目的，是要为社会，归结来说，就是我们把自己本身，放在事业上，而事业却放在社会上。

——《社会的动力与青年的出路（下）》（1935 年 10 月 25 日）

人都是训练起来的。人的训练有三个要点：第一要他们的头脑有现代整个世界那么大，能够在非常明了整个世界的状态之下决定他们自己的办法；第二要他们的问题至少要有中华民国那样大，在非常明了的国家的紧急状态下决定他们自己的任务；第三是要他们在可能的范围内创造一个现代的物质建设和社会组织起来，无论在交通方面、产业方面、文化方面或其他公共生活方面。

——《四川嘉陵江三峡的乡村运动》（1934 年 10 月 1 日）

人人都能自立，人人都能立人。

——《对训练所毕业同学临别赠言》(1939 年 10 月 16 日)

我们应当每个人都是中心，每一个人有每一个人的工作，那每一个人每一个工作即须变成功一个事业的中心，这样，自能共同创造有力量的运动。

——《新闻事业与社会运动》(1939 年 12 月 1 日)

（2）乡村第一重要的建设事业是教育

一切病象，皆缘于人，须教育救治之；一切事业，皆待于人，须教育兴举之。

——《教育经费与教育进修》(1922 年 1 月)

盖一国之教育与其政治恒互为因果。一政治之施，必赖教育之倡导；一政治之良，必得教育之扶植。……社会上凡百事业，孰非以教育培之根底？

教育经费之宜谋优裕；教育权限之宜谋扩张；教育人才之宜谋独立。要即欲教育有完全独立之精神，不受外界之逼挟，及为其他政潮所牵引，以尽教育之能事，得在亚洲大陆放一异彩，致国富强，毋落人后。

——《各省教育厅之设立》(1916 年 9 月 17 日)

教育之世界意义

教育为世界文化之根源，提高民族之热力。……近代号称强国，无一而非教育发达所致。文化衰落者，虽大国不免于灭亡，文化精进者，即最小民族犹得保其存在。

——《四川的问题》（1931年6月2日）

乡村第一重要的建设事业是教育，因为一切事业都需要人去建设。人是需要教育培（育）成的，所以努力建设事业的第一步是应努力教育事业。

——《乡村建设》（1930年1月7日）

在今天以前，读书是一种专业，读书人是农人、工人、商人和一切有职业的人以外的一种专业的人，所以只需有一小部分的人专读书。今天以后，农人、工人、商人和一切有职业的人，都需有知识、有能力，读书便须普及，学校便须扩充到市场以外，到四乡去，尽量容纳一切应该读书的人。

——《乡村建设》（1930年1月7日）

小学教育之应普及

小学教育普及已成各国通例。国家有施行之义务，人民有入学之义务。……计划设立相当之义务小学，实行强迫入校，尤其注重多设乡村小学，以收普及之效。……

职业教育

小学、中学所习，皆普通科学而非职业教育；大学虽属专门，又苦不能普及民众。故于普通中学之外，宜注重职业中级学校。……

成人补习学校

义务小学举办以后，所有学龄儿童自当受普及教育之厚赐，但成年失学之人，则以年龄生活关系，已无循例入学之可能。今为弥补此种缺憾起见，似宜多设成年补习学校，俾成年失学之人，亦得于工作之暇，或于夜间，或于农隙，可以随意入校，略识字义，完成公民之应有之常识，则社会当日趋于健全也。

——《四川的问题》(1931年6月2日)

社会教育

第一步普及城市……第二步普及于乡村：（1）普及于各乡之市场；（2）普及于各乡居之人家。

目的：

1. 以辅导改善实际生活为主：

（1）家庭生活；

（2）职业生活；

（3）政治生活；

（4）游戏生活。

2. 以辅助解决社会当前的问题为主：

（1）政治问题；

（2）经济问题；

（3）教育问题。

3. 以促起一般人的优良行为为主。方法：

（1）创造模范的事业引人参观；

（2）表演，利用新旧戏剧与电影；

（3）演说；

（4）利用书籍、图画、传单等使人阅读。

——《四川的新生命》（1924年）

民众教育不仅仅是从民众学校，是可以从多方面举行的。如像医院天天有病人，博物馆动物园天天有游人，图书馆天天有读书看报的人。再则，如像上下木船的船夫子，当场天的赶场人，都是我们应施教育的民众。各街茶房、酒馆都是我们值得布置教育环境的地方。

——《必须做民众运动》（1933 年 4 月 2 日）

筹划四川办若干大学，……能够领导四川英杰科学——社会科学和自然科学；尤其要以四川所有的自然问题——地质和生物的问题，四川所有的社会问题——政治、教育、经济、宗教、种族、人口等等问题，作为研究对象，以其所得贡献于国家，并贡献于世界上。亦领导人欣赏较高的艺术——文学、戏剧、音乐、图画和其他。期于以科学代替迷信，以艺术的生活代替一切下流无聊的娱乐。

就社会教育说：

（1）应有如何完备的图书馆供人研究学问和解决问题时的参考；

（2）应有如何完备的博物馆供人游览；

（3）应有如何广大的运动场供人运动；

（4）应有许多公开的集会，尤其是公开的演讲，以代替茶馆、酒馆，乃至烟馆闲谈。

——《四川人的大梦其醒》（1930年1月）

教育的主要目的，不在给学生以知识，而在训练学生的能力。第一是训练学生在家庭中间的行为。使他知道怎样去管理家里的银钱，整理家里的东西，讲求家里的卫生，改良家里的习惯，注意家里的教育。第二是训练学生在政治上的行为，使他知道怎样选择，怎样会议，怎样参与地方的事业，怎样完成国民的责任。第三是训练学生在经济上的行为，怎样成为他在职业上的技能，怎样提高他在职业上的地位，怎样教他继续不断地努力于一种职业。第四是训练学生在交际上的行为。教他对人怎样恭敬、亲切、诚实、有信义，语言怎样明了、委婉而动听。第五是训练学生游戏的行为。教他怎样运用暇时，运用人群，做正当的游戏，消灭以前社会上有的赌钱、饮酒、吸鸦片烟，种种不良行为。

训练学生最要紧的两点：第一是训练他们运用科学的方法。科学就是整理经验的方法，就是将我们所有的经验整理成系统的方法，就是将我们所有的经验，整理出一定因果关系的方法。

训练学生最要紧的第二点，是教他们随时随地有艺术的欣赏。艺术不是限于图画、雕塑、音乐和其他专门的作品或专门的活动。是要人们的一切言语行动为所获得或所造成的结果都充分含有艺术的成分，围绕着、浸润着人们，使人们倾所有的感情去欣赏它。

如果乡村的小学校，能够实现以上的办法，培育出来的小孩子，一方面是能干的，一方面是快乐的，必能够创造无数崭新的可爱的乡村，为我们愿意在里边居住的。

——《乡村建设》（1930 年 1 月 7 日）

办学校的人都有一样的错误，认为学生只应该读书，只应该认识书本，不知学生于认识书本以外，还要到学校以外去认识自然、认识社会。不但是多识鸟兽草木之名，还要去多识鸟兽草木；不但是专从书本上去看人的言语行动，还要从实际上去看人的言语行动，而且要亲去言语行动。要从自然界、从社会上，才能得着真切的知识。书本不过是记载那些知识的东西，并不是知识。要养成儿童获得知识的能力，他才能够一辈子随时随地获得知识。

——《乡村建设》（1930 年 1 月 7 日）

以实验及观察的教学方法为主：

（1）观察每一事物之原因及结果；

（2）观察两种以上事物相互间的关系，并排列出系统；

（3）自己造起正确之原因，以证验起应有之结果；

（4）以校外实际接触的教育为主，从校外觅得接触社会、接触自然的机会。

——《四川的新生命》（1924 年）

只要告诉学生五个秘诀：1. 看清楚；2. 听清楚；3. 想清楚；4. 说清楚；5. 写清楚。

——《一段错误的经历》（1940 年 6 月）

每一个人都有天才，只需要教育去发展他。但是过去的教育，往往反把天才淹没了，受教育愈深，即淹没得愈深，只有小学生是活泼的。

所以最好的教师，是帮助学生自己学习，帮助学生自己解决实际问题。个个学生都有他的天才，要看教师如何去帮助发展他。

——《如何改革小学教育》（1948 年 4 月 22 日）

（五）创造现代集团生活

（1）中国人的两重社会生活

更强有力的社会生活是集团生活。自有人类以至于现在，无论为何种国际、何种民族，乃至于任何时代，人都不能离开社会生活，更不能离开集团生活，人都受社会生活的支配，更受集团生活强有力的支配。

集团的生活可以从两个方面来解释：第一，集团生活是有生活的相互依赖关系。每个人都要依赖那个集团，而那个集团也要依赖每一个人。第二，集团生活是有两个以上彼此由比赛而斗争。中国人几千年来到现在，是与其他任何民族一样没有离开集团生活的，唯集团的方式不同耳。

——《社会生活与集团生活》（1934 年 6 月 16 日）

　　中国人只有两重社会生活——第一重是家庭，第二重是亲戚邻里朋友。许多积极的道德条件都是从这两重社会生活确定的。超此范围，则社会关系虽然存在，（却）非常薄弱；道德条件，亦都是规定在消极方面：忍耐、和睦、洁身、自爱、与世无争，都是一向社会上称许的美德。凡涉及公共问题，则多一事不如少一事，有一事不如少一事。能干角色正在化大事为小事，化小事为无事。政治上所一向要求的是清静无为，是与民休息，是轻徭减赋，是讼狱大息、囹圄空虚，是垂拱而天下治，是卧治。这是中国人的社会的特点，自家庭和亲戚邻里朋友的社会生活以外，什么都不需要，所需要的是天下太平，只是无事。

　　（中国）集团社会组织在农业生活的状态之下，只有家庭和亲戚邻里朋友，与现代已经进化到工商业时代的民族有不同。他们是进化到现代的事业，而且由地方以至于国家了，中国人则尚留滞在家庭和亲戚邻里朋友关系当中。我们常常觉得中国人个人的要求最强烈，常常有朋友要求你培植他或帮助他，而没有社会的要求——要求一桩事业或一个地方好；实则他个人的背后正藏着两重社会——家庭和亲戚邻里朋友——的要求在。常常觉得许多朋友忙着为个人找出路，不肯为社会——一桩事业或一个地方——找出路；实则他个人的出路背后就是两重社会——家庭和亲戚邻里朋友——的出路。常常觉得许多朋友忙着为个人增加财富，不肯为社会——一桩事业或一个地方——增加财富；实则他至少是为了一个社会——家庭——增加财富。

——《建设中国的困难及其必循的道路》（1934 年 8 月 2 日）

（2）建设新的集团生活

我们要进入现代，一向的集团生活即不能不有所转变，不能不有现代的集团组织。分析起来，不能不有现代的相互依赖关系，不能不有现代的比赛标准，不能不有现代的道德条件，不能不有现代的训练，不能不训练个人去创造现代的社会环境；同时又不能不创造现代的社会环境去训练个人。这是当前的根本问题，任何事业不能避免，虽万分困难亦是必须解决的。

——《建设中国的困难及其必循的道路》(1934 年 8 月 2 日)

凡在现代文明当中成功的人群，都是有了组织训练的，亦都是有了集团生活习惯的。中国人亦未尝不习惯于集团的生活，但只限于一个家庭当中，一出家庭便只有个人的活动。从修养身心到学问事业都以个人为中心。在若干年以前中国自成一个天下的时候，这未尝不是一种生活的方法，可是在现代文明的前进当中不容许这种生活的存在。谁无集团的训练谁就失败。成功绝非个人，只有集团。我们在这个集团当中应该抛弃个人的理想，造成集团的理想，应该抛弃个人的希望，集中希望于集团。我们的工作是集团的，……我们的学问亦是集团的，……我们的游戏亦是集团的，……我们的生产是集团的，……我们的消费亦是集团的，……各个都去解决集团的问题，个人的问题都让集团去解决。

——《民生公司的三个运动》(1933 年 4 月 16 日)

下大决心，挟大勇气，从我们手上去创造它，创造出一种社会关系，创造出一种有组织的社会的关系，创造出一种互相信赖的社会关系，创造出一种社会帮助我们，我们帮助社会，社会离不了我们，我们离不了社会的关系。无穷的快乐便会从这世界产生出来。这是我们今天以前不相信社会会有，却在眼前，就是我们今天正拼命努力经营的许多事业。

——《为什么发行这个小小的半月刊》（1932年7月12日）

好的中华民国只有从新集团生活产生。建设新的集团生活在一点没有新的集团生活的环境当中，是最困难的工作，一切新的建设事业的困难，都只在建设新的集团生活一点上。必须用绝大的努力乃可以战胜绝大的困难，尤其是在着手的第一关。只要逐渐前进，新的集团生活逐渐形成——即是新的相互依赖关系逐渐形成，使人们有了信心；新的比赛标准逐渐明了，使人们有了趋赴的兴趣；新的道德原则逐渐确定，使人们有了遵循的大义。之后，这工作自然逐渐容易。最初因为最困难，所以最缓慢，往往是急切希望中国好起来的人们所不能忍耐。然而成功正在这忍耐工夫当中。

——《建设中国的困难及其必循的道路》（1934年8月2日）

所谓集团，并不止于共同吃饭、睡觉、游戏而已，最需要的是共同发现问题、解决问题。

——《要参加社会活动》（1933 年 3 月 30 日）

没有一个人有绝大的能力可以解决一切社会问题……

只有整个社会中间所含有的事业的全体联合起来，才可以解决整个社会的问题。所以我们有一个口号，不但是一桩事业的朋友是要成群的，事业也要成群的！

——《前瞻后顾的两段论》（1933 年 5 月 30 日）

（3）创造集团生活的试验

天下事业之成，必有一批人披肝沥胆、推心置腹，以相纠其短、相携于义，此种精神亦正待吾辈倡之。

——《卢作孚年谱》（1931 年 7 月 12 日）

（在嘉陵江三峡乡村运动里，）大家在那里穿是一样的，吃是一样的，房屋器用亦差不多是一样的，困穷是一样的，所有一向的家庭和亲戚、邻里、朋友的财富、地位、门面装潢通通无所用其比赛了，比赛的都是工作，都是学问，都是运动或游艺，都是表现社会上的成绩。另有一种大义，是这社会里边要求的，而不是家庭和亲戚、邻里、朋友要求的。他们之兴趣盎然，他们之工作紧张，他们行动之可歌可泣，乃不是一向沉陷在家庭、亲戚、邻里、朋友当中的人们所能领悟。一向沉陷在家庭、亲戚、邻里、朋友当中的人们总迷信以为人是自私自利的，只能利用人的自私自利的弱点；而忘却了家庭、亲戚、邻里、朋友亦正是一个社会，人只是为了社会的要求而甘愿牺牲自己，尤其是为了更大的社会：这是从我们今天的试验可以证明的。

——《建设中国的困难及其必循的道路》（1934 年 8 月 2 日）

训练青年的中心意义是要让他们充满了社会的要求、社会的思想、社会的活动；要求他们都非常明白现在世界的趋势、中国的困难，而且都非常明白理想的三峡而要求实现它。……他们自晨早起床，至夜晚睡觉仍然充满了社会的生活内容。晨早起床之后，集中到运动场各依排列的运动秩序运动一小时；早餐后，开始工作；直到午后完结的时候，则又集中到图书馆依所分配研究的问题读书两小时；如还有余裕时间，乃自由运动或休息；夜间，都分头去担任民众教育，或民众娱乐，或整理一日的工作或再以余暇时间自由读书。……（他们）另外有一种生活的相互依赖关系、比赛标准和道德条件，是他们的行动所趋赴的。

——《建设中国的困难及其必循的道路》（1934 年 8 月 2 日）

（在民生实业公司里，）要求每一个人解决事业的问题，从轮船上的茶房水手起，从工厂的小工起，以至于各级职员工人，无一个不为事业努力。他们之在公司中是一群工作的分子，不是一群亲戚邻里朋友；他们之到公司都是凭自己的能力，不是家庭和亲戚邻里朋友的关系。事业之要求他们努力加强于他们家庭和亲戚邻里朋友的要求。一方面促使他们都知道事业前途的希望，另一方面促使他们都关怀事业周围的困难和危险。是要以团体的工作，团体的讲学，团体的娱乐乃至于一切生活包围了他们，一直到他们的家庭。如何努力解决事业的问题，这是事业上的一群人非常恳切地要求于每个人的。至于每个人最迫切的家庭生活问题，则由事业上帮助他们解决，只须他们依赖事业，不须依赖他们的亲戚邻里朋友，这是我们正用全力预备的。

我们的预备是每个人可以依赖着事业工作到老，不至于有职业的恐慌；如其老到不能工作了，则退休后有养老金；任何时间死亡有抚恤金。公司要决定住宅区域，无论无家庭的、有家庭的职工，都可以住居。里面是要有美丽的花园，简单而艺术的家具，有小学校，有医院，有运动场，有电影院和戏园，有图书馆和博物馆，有极周到的消费品的供给，有极良好的公共秩序和公共习惯。凡你需要享用的，都不需要你自己积聚甚多的财富去设置；凡你的将来和你儿女的将来，都不需要你自己积聚甚多的财富去预备；亦不需要你的家庭帮助你，更不需要你的亲戚邻里朋友帮助你，只需要你替你所在的社会努力地积聚财富，这一个社会是会尽量地从各方面帮助你的，凡你有所需要，它都会供给你的。

这样的意义：个人努力地帮助社会，社会亦尽量地帮助个人，还不够；还得进一步，个人是要帮助所在的事业，使自己有显著的成绩表现在事业上，事业尤其要帮助所在的社会，使事业有显著的成绩表现在社会上。我们所要求的不是一群人之为自己，而是一群人之为更大的人群；我们所要求的不是事业的大小与他事业比赛，而是事业对于社会帮助的大小与他事业比赛。

——《建设中国的困难及其必循的道路》（1934 年 8 月 2 日）

（民生实业公司）有几个法宝或灵魂：

第一是努力：

　　　工作的朋友努力工作，

　　　投资的朋友努力投资。

第二是和气：

　　　从公司各部门看出职工的和气，

　　　从股东大会中看出股东的和气。

第三是以公司利益为前提：

　　　职工绝不舞弊营私，

　　　股东绝不多分盈余。

第四是联合同业：

　　　公司愿多利于同业，

　　　同业愿并入于公司。

第五是无数朋友的帮助：

何北衡先生说：

非民生实业公司，

是民生朋友公司。

民生公司是终不安全的，只要灵魂发生变化，公司便会发生变化。可是，民生公司是最有希望的，因为她竟有这几个灵魂是别的公司没有的，不常有或不全有的，……她的命运是操在她的手里的。

——《公司的灵魂》(1933 年 4 月 16 日)

民生公司不是只图资本家发财的，他的经济立场，可以说是站在整个的社会上的，纯全是一桩社会事业。……民生公司之不能走入资本主义事业途上，已昭然若揭矣。

——《在民生公司八周年纪念大会上的开会词》(1933 年 10 月 16 日)

这是一个集团运动不是两个，不是两个冲突的，如像一般流行话，一是资方，一是劳方。是由两个方面相互帮助，以成一个集团，最后都不至于失败的集团。

——《民生公司的三个运动》(1933 年 4 月 16 日)

　　中国人最感缺乏的是群的依赖。因此宁肯损群利己，没有法子形成三人以上的团体。如果有之，不是纷争，便无实际。公司乃集合成功了五百余股东，二千余职工，相互依赖到投身可到老死，投资可留给儿孙。这种观念愈到后来愈明了，信赖愈到后来愈坚强。公司的基础不是在百余万资本上，几桩事业上，几十只轮船上，乃在这种精神上。

——《十周年纪念日》（1935 年 11 月 1 日）

二 做事为人之道

（一）微生物的力量特别大

　　民国十一年（1922）在川南工作时，曾邀一个川外人来演讲。他说："请大家认识我，我是一颗炸弹。"我解释说："炸弹力量小，不足以完全毁灭对方；你应当是微生物，微生物的力量才特别大，才使人无法抵抗。"看见的不是力量，看不见的才是力量。

——《这才是伟大的力量》（1938 年 4 月 30 日）

（1）建设的力量

　　如果认为革命是一桩完整的事业，便不能把破坏与建设截成两段，必须且建设且破坏，而且必须以建设的力量做破坏的前锋，建设到何处，才破坏到何处。再进一步：先要有好的建设，然后有快的破坏。河下有一只好的轮船，坏的木船便揽不着客货；乡下有一个好的学校，坏的私塾便招不到学生，这便是显然的例。大家应该知道：破坏的实力是建设，绝不是枪炮，亦不是军队。……就令目的是为了破坏，手段亦当采自建设方面。建设应从心理起，从建设公共理想起。

——《四川人的大梦其醒》（1930 年 1 月）

正唯其环境不好，是予我们弄好的时机，……绝不可误认为环境太坏是予我们以坏的时机，我们违背一切法律，无人可以干涉，攫取一切款项，无人可以清理……这样误用时机，交与后来人，就永远留下一个历史上的污痕，千万世人都叹息着，这一个篇页是被诸公染污了的。

——《四川人的大梦其醒》（1930 年 1 月）

以暴易暴，其结果祸国殃民，更有甚焉。

——《卢作孚对三弟卢而勤的谈话》

（要）采用改良社会的办法，改良也许阻力很大，但要设法去消灭阻力。

——《这才是伟大的力量》（1938 年 4 月 30 日）

（2）从自己开始，从眼前做起

从自己开始。不过这种力量是微生物，是纺棉花，是眼睛看不见的。

从当前个人所能接触的人起，只要能下决心，改革了自己，再改革一个人，让那个人有力量，再改革另一个人就够了。这就是力量。这力量在相当时间就能改造中国；在相当时间就能改造世界。拿数理来说，今天我一个人，明天两个人，后天四个人，这等比级数继续下去……每个人坚决造行动，继续不断地努力。不管名誉地位，不问个人的成功，只问社会的结果，我相信，这样一定有结果，这结果在社会，不在个人。……行动真有此力量，结果一定伟大。不必问社会是否知道，只要所要求的在社会全盘实现。到那时，也许自己还在小事上，但心里安慰了。

从眼前做起。决心改造当前的环境。做法要彻底。未来社会的需要怎样，便怎样变。严格地管束自己，同时原谅社会，因为它是几千年造成的。除埋怨自己外，不要埋怨他人。自己改变态度，不要责备别人态度不好。对周围绝对原谅，因为他们都是旧社会的产物。有四千同志，同时严格训练自己，再帮助他人改变行动，一定有很大力量和效果。但帮助人改变行动，绝不如借他钱和帮他找事那样容易，要想法安慰他，增加他的兴味。这是最苦的工作，须有绝大的忍耐力。

严责己，宽待人，改造社会行动，培养起这种运动，这是我们行动的要求。……把行动和思想联系起来，从现在讲到未来，从小处做到大处，先从自己变起，再改变周围，以社会的行动，去包围每一个人。这样，新运动就开始了。

世界哲学家柏格森曾说："今天的人，不是昨天的人，今天的细胞不知有若干变化，不过当时没有认识，十年后才知道。它的变化，是绵绵不断的，这才是伟大的力量。"这力量，能把宇宙变了，何况人的行动！

——《这才是伟大的力量》(1938 年 4 月 30 日)

（3）大处着眼，小处着手

我们相信，无论什么事业，都应"大处着眼，小处着手"。这有两种解释。横的方面，事业要做到大的范围，却应从小的范围起；纵的方面，事业要做到大的进步，却应从小的步骤起。许多事业进行起来，都是起初艰难，后来便渐渐容易；起初缓慢，后来便渐渐快利。所以起初从小处着手，用力比较经济。

——《一个根本事业怎样着手经营的一个经验》（1923 年）

国家虽大，其建设秩序的工作细致，乃与个人生活秩序是一样细致的，分析起来，都是一点一滴的问题，不是大刀阔斧的问题。合无数一点一滴以成一桩事业的系统，合无数事业以成一个地方的系统，最后乃成一个国家的系统。

——《四川人的大梦其醒》（1930 年 1 月）

要想把一桩事情做好，就需要范围极小。因为小的关系，所以才把它做得极细致，最细致的地方，最能造成广大的影响。

——《要参加社会活动》（1933 年 3 月 30 日）

（二）　人是社会的动物

（1）人是社会的

我们说人是为己的动物，不如说人是社会的动物好。

什么是社会呢？有一派社会学家说：社会是一个有共同生活关系的群体。……社会是一个存在于相互影响上的东西。……

人不是为己的，人是为社会的。如果社会要求是对的，我们就要遵从它；如果社会要求是不对的，我们就要努力把它改造过来。

今天以前，人是以我所有的（例如讲究的食品、漂亮的衣服、高大的洋房）来为社会。今天以后，我们要拿做出来的、说出来的，为众人做出来，为众人说出来。这样一来，才能创造一种新的生活依赖、新的生活保障。只有这种新的生活依赖、新的生活保障，才能创造出新的中华民国来。

——《为己？为人！》（1933 年 3 月 16 日）

（2）为社会寻找出路

我们决心帮助社会，绝不是等待机会的，而是要寻找机会。不是要人请求我们帮助，是要运动接受我们的帮助。我们绝不像一般旧习，帮助亲戚邻里朋友，为他们找碗饭吃，谋个差事。我们只帮助社会，帮助个人亦只是因为他要帮助社会。这是我们的事业最后所含的意义，不但要十分明了它，而更要努力实现它。

——《民生公司的三个运动》（1933 年 4 月 16 日）

应该认清楚，个人绝对没有出路。……县长是社会的，一县有人民，有土地，它绝不是为县长生成的。当了县长，不是为个人谋出路，是要为一县谋出路的。如果地位再优越一点，那社会的范围也就更扩大一点。学校也是一种社会的，校长要为全校青年找出路，不是为个人找出路。经济事业也是社会的，总经理要为此种事业找出路，也不是为个人找出路。

不过，现在很多人还未把此意义看明白。我们只看见许多取地位的，少有看见取得地位以后为社会找出路的，向政治上、教育上、经济事业上找出路的，大多数只是为自己，莫有为社会，因此把中国弄得不得了。……中国人以前只为自己而不为社会，所以始终毫无办法。今天以后，人都需要重新训练。

——《为社会找出路的几种训练活动》（1934 年 5 月 16 日）

有一次四川青年举行学生集会，集合了许多青年，要我讲《青年的出路》，这问题很使我诧异。……当时我就对那些青年说：我不讨论这问题；虽然这问题在报纸上，天天有人讨论。中国没有出路，社会没有出路，你们青年，又哪里有出路呢？每一个青年为自己出路而努力，这是根本的错误！

——《社会的动力与青年的出路（下）》（1935 年 10 月 25 日）

社会的前途，需要有一种发动力。而这种发动力仍旧是在社会，而不是在个人。……

我曾遇着一个青年，他一切都很有希望，但在意志上有时会动摇；我就问他动摇的原因，他说是由于不安定。……我就向他说：第一你要努力地做，做到事业离不开你，到那时这种事业虽然失败了，另外的事业还要找你；第二，你还是努力地做，你要做到一

桩事业在社会上离不了它。只要能够这样，就无所谓
不安定；这就是造成功一个新的依赖关系：事业离不
了我，社会也不能离开这个事业；到了这时，你与社
会的依赖关系就构成了，你也就安定了。

——《社会的动力与青年的出路（上）》（1935 年 10 月 15 日）

（3）建设公共信仰、理想

促使全国统一于一个公共信仰四个现代化的运动
（产业运动、交通运动、文化运动、国防运动）之下，
这是最可靠的统一全国的方法。

——《从四个运动做到中国统一》（1934 年 1 月 29 日）

唯一的团结人群的方法，便是提出公共问题，提
出解决公共问题的方法，而且促起人群去解决它。换
句话说：便是建设公共理想，而且促起人群去实现它。
今天以前，大家怀着个人的理想：如何发财，如何升官，
如何扩充自己的地盘，如何装点自己的门面；今天以后，
却要把大家说的理想，从个人身上移到公众身上，要
一心一意为公众打主意，不要再为个人打主意。要使
公众的生活如何安定，便不要打仗；要使公众的交通

如何便利，便不仅自己备两部摩托车；要使公众的生产事业如何发达，便不仅自己拿出钱来做一笔生意或办一个工厂。如果提倡一桩事业，而为了自己占有或自己享用，那还是个人理想，不是公共理想。公共理想的利益，是完全在公众身上的。个人只是公众中间享受的一员，但绝不能由个人占有了。

——《四川人的大梦其醒》（1930年1月）

社会的组织一天比一天扩大，人们的关系一天比一天密切，公共的事务，即亦一天比一天众多。如果人们没有公共的训练，连公民的资格也还没有，而况执行公共事务，岂不坏尽公共事务？要想四川的政治清明，似乎首先要解决这一个问题。……

有人说，中国人肯闹意见，其实中国人最缺乏意见，最缺乏公共的意见，只会闹个人的利害。……

公共决定，亦是现代政治的一种特征。公共事务由公共决定，实属天经地义。再则优良的办法，应是许多人的思想相互影响，相互组织而成的。会议是公共决定的最好办法。……会议是现代世界上尤其显著的特征，一切公共问题都由会议而解决，不但是政治。

——《四川的问题》（1931 年 6 月 2 日）

我们应努力于公共福利底创造，不应留心于个人福利底享受。

——《怎么样做事——为社会做事》（1934 年 2 月）

创造一个美满的世界，人人都有事做，人人都有饭吃，人人都有衣穿，人人都有钱用，人人都有书读，人人都快乐。

——《在峡防局临时主任会议及市政会议上的讲话》（1934 年 10 月）

（三）建设的根本问题是秩序管理

（1）建设秩序是根本和前提

我们向来亦都知道教育、交通、经济事业是建设上的重要问题。然而此外还有更重要的问题，是根本，是解决一切问题的前提，我们却忽略了，那便是如何建设秩序的问题。要这一个问题有法解决，其余一切问题才可以迎刃解决。不管教育也罢，交通也罢，经济事业也罢，如果秩序建设不起来，任何事业也是建设不起来的。

要政治上轨道，正是要政治有秩序。……

人们有了公共生活，便必须有秩序。它的含义并不像平常使用它的时候那样简单，不但是课堂上不要说话，或剧场里不要打架。一桩事业，要细致地分工，亲切地合作，要从一个严整的系统上，甲做这样，乙做那样，各个不放弃责任，相互不失掉联络。这种秩序，尤其是公共生活中间不可少的；就个人生活中间，亦应建设一种秩序。公共秩序的建设，其繁复，其困难，比个人大大有加，其细致却一样。如果大家没有秩序的习惯，绝不易急遽地训练。所以这不但是建设一切事业的根本问题，尤其是第一个困难的问题。

——《四川人大梦其醒》（1930 年 1 月）

我们对于任何事业，事前应有精密的计划，事后应有精密的整理，其性质都是建设秩序。秩序问题，是包含着自治事业的经营问题和组织问题，是乡村建设中不可避免亦不可疏忽的根本问题。

——《乡村建设》（1930 年 1 月 7 日）

（2）把握现代两个武器：技术与管理

生产有两种东西可以使它进步：一个是"技术"，一个是"管理"。技术是要有控制机器的能力，要有控制物质设备的能力；管理就是管理一群人的行动，管理一群人在整个秩序范围之内行动。

——《我们的一切要有计划和预算》（1936 年 8 月 30 日）

我们的生产运动、我们的交通运动、我们的文化运动，必须跑到世界最前线去！但是我们的技术与管理落后了，则一切不安全！……今天以前以为政治维新了可以救国，学校办理起来了，实业提倡起来了，可以救国，而不知道还要有技术与管理才可以救国！

中国人一向用在农业社会里的办法：用在农业社会里的技术和管理，仅仅根据了常识，仅仅根据了经验，而那经验并未经过科学方法的整理，用来应付非常繁复、非常正确的现代的工商业的物质设备，非常繁复、非常紧张的现代工商业的社会组织，断未有不一切失败的。

我们要鼓起勇气，坚定信心！凡白种人做得来的，黄种人都做得来；凡日本人做得来的，中国人都做得来！只要学会了他们的技术与管理，便能做出他们的事业。今天以前一切事业的失败诚在我们手里，今天以后的成功要在我们手里！只要先从先进的事业、先进的国家学会一切技术管理。……而且后来居上，会办得更好。不但我们采用的生产机械和产业政策省略了一切先进国家失败的历程，尤其是我们的技术和管理，因为凭借了他们，更当超越了他们。

——《一桩事业的几个要求》（1936 年 10 月）

　　美国人显然已有一种公共承认之共同做事原则办法，并且大家都在忠实地履行、忠实地遵守。不像我们中国一样，每一个首长都有他自己的一套特别办法、特殊作风，所以一换首长，一切办法也要改变。一个机关里的工作人员，也没有共同信守遵行的工作办法，就有一点不大完全的办法，大家也视同官样文章，而不十分忠实地去实行。在这些地方，也可以看出，美国实在是一个法治国家，不特国家大事如此，工厂管理也是如此；不特有成文法，也有不成文法，大家都行之若素，习以为常，不必监视，不必督促，而人人自然奉行。

在美国，控制物质技术，只是厂外少数科学家的事情，厂里设计室少数工程师的事情。因为分工精细，一个工人只消学习一二星期便可了解运用。控制人事的管理是全厂大家的事，上至总经理，下至工人都要懂得管理，管理制度才能迅速树立起来。技术知识在短时间内可以学习，而管理才能则需要有长时间训练，才能磨炼出来的。……

因此，卢氏感觉中国战后最大的需要是专业化，是树立现代管理制度。

——《卢作孚谈美国工业特质》(1945 年 8 月)

社会科学主要运用在经济、政治、教育三方面，尤其综合地运用在工商管理方面。而基本建设为心理的。工作人员必须有事业上远大的志趣与工作上当前的兴趣。工作人员必须要求有秩序的活动、有效率的活动，乃能接受并运用管理的方法，使管理充分发挥其作用。

——《工商管理》(1945 年 2 月)

组织最重要之意义，在兼擅分工与合作的长处，尤其在以社会的秩序监督个人的行动。吾人不能相信任何人之任意行动，而应相信任何人在整个社会组织中秩序的行动。因整个社会有秩序，故个人在其中亦不得不有秩序。一事业而有最高才能的领导者，不在其凭个人的天才监督人群，而在能建立人群的秩序监督个人，不但应当发挥每一个工作人员的能力，尤其应当发挥整个社会组织的能力。

——《工商管理》(1945 年 2 月)

事业愈伟大，纵横错综关系愈复杂。在纵的关系中，必须每层有其明了的责任；在横的关系中，必须相互有其明了的联系，乃不致职责混淆、系统紊乱。

——《工商管理》(1945 年 2 月)

现代管理的原则，上级机构对于所辖下级机构，应让其直接负起处理直接范围内的事务的责任，政府更应让人民负起处理自己事务的责任。

——《论中国战后建设》(1946 年 2 月 15 日)

我们办事要分工，每人要明了自身工作和同类事情的内容，要在工作中去发现问题，要由不懂得而懂得，由外行而内行，由普通而专门。

——《我们要明了自身的工作》（1936 年 10 月 23 日）

有困难自己克服，每个人执行自己的任务，自己的事自己要求办完。有这样精神，什么事都能办了。

——《要解决当前的问题》（1938 年 2 月 28 日）

（3）靠法治不靠人治

一个严整的组织下面，无论其为首长，或为从属，每个人都有权，而权都有限。不容人在权限以外做坏事，亦不容人在权限以外做好事，全局乃不致紊乱。即在各权限内的，亦并不是让人自由活动，而是处处要顾到全局的，要遵守公共规律的，这是组织的精神，亦即是法治的精神。

今天以后的中国，应靠法治不能靠人治。所需于人的，亦重在造法的训练，守法的训练。

——《四川的问题》（1931 年 6 月 2 日）

工商管理的方法即系建设秩序的方法，建设每一工作人员活动的秩序，建设一群工作人员相互配合行动的秩序。秩序若以成文表现之，即系"法"。任何管理皆有不可少的三事：（1）创造"法"；（2）执行"法"；（3）遵守"法"。

——《工商管理》（1945 年 2 月）

民主国家的人民应有一切的自由，同时国家应有整个的秩序，自由是有法律保障的，亦是有法律范围的。官吏应有执行法律的训练，人民应有尊重法律的习惯，即使没有法官裁判，亦有舆论裁判，即使没有警察干涉，亦有旁人干涉，法律乃能彻底发生效力。立法之前，应即审慎，立法之后，应即森严，不准任何人违反，整个国家秩序乃能建设起来。

——《论中国战后建设》（1946 年 2 月 15 日）

（四）改造社会靠行动

（1）反对空谈，努力实践

凡有了问题便会有办法，有了办法便会有行动，有了行动便会有结果。这是我们应该共有的理想与抱负。

——《本部同人应有的理想和抱负》（1940 年 1 月 1 日）

我们应一致反对的是空谈，应一致努力的是实践。

——《怎么样做事——为社会做事》（1934 年 2 月）

第一个要求是活动：中国人的生活习惯是静的，是被问题逼着了而后动的。我们要变更这个习惯，要求动，要求在一个理想上活动，在继续不断的前进中活动。……

我们随时随地在活动，而我们的活动都在我们所负的使命上。不但专一于所负的使命，而且包围着所负的使命；不但有恒，且有不断的前进；不但有时间都活动，而有活动都紧张；不但使人叹服我们活动的成绩，尤其是我们活动的精神，因而有深刻的感应，使这静的社会变成动的社会。

从我们的活动上，不但要看出一手一足之劳，尤其要看出一点一滴的思想使人欣赏。所以我们不但要求活动，尤其要求活动中产生思想：第一是运用思想去寻找我们的问题；……第二是运用思想去寻求解决问题的方法；……第三是不怕失败去运用思想解决问题。

——《我们的要求和训练》（1933 年 11 月）

我们感觉的中国人不研究实际问题，向来喜欢在空的理论上扯，实在是一个大病，是急切需要治疗的。

——《东北游记》（1930 年 9 月 1 日）

（2）怎么样做事

奋发蓬勃之朝气，如何养成，一言以蔽之曰"做"而已。不"做"，绝不能养成朝气。如"做"而未达于成功，稍遇挫折，即便放弃，亦不能养成奋发蓬勃之朝气。平常我人常见两种精神：1. 根本不做；2. 做虽做，但一遇困难，或遇有困难之可能时，便放弃不干。此两种精神，绝不能培养奋发之朝气。此种朝气，必须有百折不回、不成功不止的精神，方能培养成功。今日有许多新的发明，皆为成功之结果。然其在成功之前，不知已经几许失败。如当时一遇失败，即不再试验，今日绝不能有发明。然当时之发明者，不因失败而灰心，继续努力，及其成功，其发明之兴趣，更发蓬勃矣。又如我人走路，遇不能通行之处，更需研究如何得走之法。如绝对无法通行时，即应立即变更方向，继续进行。有这种继续不断之兴趣、强烈之要求，及百折不回之努力，才能使奋发蓬勃之朝气，培养成功。

——《精神之改造》（1939 年 8 月 14 日）

人们的天性，是要找事情做的，人不是好逸恶劳，而是好劳恶逸的。没有事便无聊，那才是痛苦。人要在苦中作乐，那才是真实。

——《卢作孚年谱》（1930 年 3 月 2 日）

我们的目的：

（一）积极方面——提高人们精神上的快慰，改进人们物质上的享用和供应；

（二）消极方面——消灭一切罪恶的痛苦。

我们的事业：

（一）以团务为中心造成民众的威力；

（二）以团务为中心，促成民众自治机关或团体的组织，促成一切自治事业的经营。

我们的训练：

（一）对事——事前有精密的计划，中间战胜一切困难，事后有精密的整理；

（二）对人——诚恳地解释引起其信心和同情，诚恳地帮助促成其努力；

（三）自信——忠诚、勇敢、忍耐、坚定，继续不断地努力，死而后已。

我们的精神：

（一）一切不苟——不苟为，不苟安，不苟全；

（二）一切公开——办事公开，用人公开，收支款项公开。

——《峡防团务会议记录》（1929 年 12 月 6 日）

做事不怕慢只怕断！

事贵做得好莫嫌小！

天下事都艰难，我们若能战胜艰难，天下便无难事。

事求妥当，第一要从容考虑，第二要从容与人磋商。

无论做什么事，事前贵有精密的计划，事后尤贵有清晰的整理。今天整理出来的事项，不但是今天的成绩，又是明天计划的根据。

做事要免忙乱，总须事前准备完善。

可靠功夫须从实地练习乃能得着，学骑马须马上学，学泅水须水上学。

人不贵徒有抽象的知识，贵能随时随地解决具体的问题。

我们天天从办事上增加知识，从读书上整理经验，从游戏上增进我们身体的健康。

人生真味在困难中，不在安泰中。最有味的是一种困难问题的解决，困难工作的完成。

我们为社会而努力，莫因事坏而不管，效缓而不为；事唯其坏更应设法弄好，效唯其缓，更应设法提前。

苟安是成功的大敌，应该做的事情，每因苟安终于不做，应该除的嗜好，每因苟安终于不除。

我们要随时随地转移社会，不为社会所转移。

事业的失败不为病，只病不求失败的原因、不受失败的教训。

事应着手做的，便应立刻着手，不可今天推到明天、今年推到明年。

我们的时间，便是我们的生命。时间过去一天，便是生命少一天。我们爱惜生命，更应爱惜时间。

我们工作与休息应调匀，用心与用力的时间须常交换。

人应当爱惜时间，所以应当不辍地做事，尤应当爱惜经验，所以应当不辍地做一桩事。

人贵有不拘于习惯的习惯，贵能立刻养成良好的习惯，摒弃掉不良习惯。

侥幸是误事的大缘故，人因为有侥幸的心，便常做没把握的事，常坐待祸免，或坐待事成。

办事应尽力揽人才，更须尽力训练人才。

————《怎么样做事——为社会做事》（1929 年 4 月 20 日）

我是盼望今天北碚的朋友，万不要入于安眠的状态中，反之是要常常不安于现状，随时提出新的标准，以强烈的行动随其后，一致要求达到而后已。

————《中国科学社来四川开会以后》（1933 年 10 月）

（做事情）有三种必须留意的条件：1.各种事业必须同时努力，因为社会问题都是相互影响的，所以各种事业都是可以相互帮助的。2. 各种事业都要天天有想法，天天进步或改良，没有一个可以永停的地位，一种可以永守的方法。3. 在经营事业的途程上，对于一般人重在指导和帮助，期于引起他们的信心和同情，期于他们都有勇气，都有愉快的精神和积极的兴趣走到经营的路上去，我们想用这种方法替代那偏于用强迫手段急遽地改革社会或接近社会某一方面的问题，因为社会不是急遽改革得了的，而施强迫的手段，每每弄到弥漫了愁怨或恐怖的空气。纵然能由强迫得着预期的效果，也未必就如预期的那样圆满或迅疾，可使一般人深深印了愁怨或恐怖的刺激，而一切引起这种情绪和由这种情绪引起的行为成了积习，更是人类一种痼疾！一时不容易治疗得好的。所以我们应该用指导或帮助人的力量达到最高度，而减强迫人的手段到最低度。

——《一个根本事业怎样着手经营的一个经验》（1923 年）

我们觉得最可悲的是，中国人每每忽略了当前问题的酝酿，而徒震惊于事变的爆发。在很长的时期中，忽略了东北问题的酝酿，而徒震惊于"九一八"事变的爆发；忽略了若干反抗势力的酝酿，而徒震惊于某军事变的爆发。由前之例，每每陷于问题之无法应付；由后之例，每每陷于应付问题之无已时。……所以我们最盼望国人能提出当前的问题，而且能提出问题的根本；不仅注意问题之已经发生，尤须注意问题之正在酝酿。

——《从四个运动做到中国统一》(1934 年 1 月 29 日)

须知近代世界，处处须事前准备，种种表面之行动，均为事前计划准备之结果。……但苟且偷生者，绝不做事前之准备。须知要苟安，则时时可发生事变，永远不得安；不苟安者，时作缜密之计划，有事前之准备，反得长治久安。本人曾遇一船中管机器者，彼谓"平常胆子小，有事胆子大"。在平时开机器之前，处处细心检查，绝不苟安，且胆子极小。一旦有事，则绝对要能应付困难，胆子极大。个人之生活，亦应如此。

——《精神之改造》(1939 年 8 月 14 日)

能够无事时胆小，有事时胆大，还不够，必须无事时有事，有事时无事。

——《要解决当前的问题》（1938 年 2 月 28 日）

今日之中国人，其问题不在选择某种思想，而在能否思想一点。我人能思想，则不必选择思想，必能对中国之问题，做清楚之分析，故我人时时刻刻应有思想。善思想者，处处能见其思想之痕迹。然中国人做事，以公事论，往往成篇大文，而内容极不清楚；以做事论，亦少能将事之周围安排周密，此为太少用思想之故。所以今后每人应练习其思想，使遇一问题，即能分析清楚，而求其适应之方法。

——《精神之改造》（1939 年 8 月 14 日）

本人对于数学极感兴趣，以为数学不仅是数目字的学问、量的学问，同时可以训练我们的思想，使紊乱的思想，变为有条理、有次序、有系统的思想。

——《一段错误的经历》（1940 年 6 月）

我们须要认识现代文明是在数目字上的比赛……

一个国家的问题需要从数目字上认识清楚的，不只是国防。凡是问题都需要数目字来证明。而亲近数目字，使用数目字，更需要养成一个新风气，使它成为中国人的新要求和新活动。

——《数目字与中国人》（1934 年 5 月 19 日）

不可把我们看得太大，……却也不可以把我们看得太小，……凭着个人的努力可以解决事业的一部分问题，同时亦可以促起他人努力。

——《前瞻后顾的两段论》（1933 年 5 月 30 日）

中国人最可怕的弱点就是怕，做事深恐失败，所以万事都做不成功。

——《前瞻后顾的两段论》（1933 年 5 月 30 日）

兴趣是成功之母，有兴趣做事才积极；若是不感兴趣，则做事必消极，消极就不会求进步。所以提起工作人员对工作的兴趣，非常必要。人类心理，在比较中最容易感到兴趣……所以对任何工作，都有必要提出几个比较标准。

比较是两方面的：1. 个人的比较；2. 与人的比较。

——《促进工作的研究》（1933 年 9 月 16 日）

社会上并无"难"事，只有遇事不去做，才"难"。而怕得罪人，也"难"。我们如果决心努力去做、努力合作去做，那么什么都不"难"了。

——《训练要方式和精神并进》（1933 年 12 月 6 日）

每个人要集中精力于自己的中心问题，要天天在中心工作上继续前进，天天接触与自己中心工作有关的人讨论中心问题。可是我们往往没有勇气在一种前途遥远的工作上坚持，好像必须天天寻求不相干的人、说不相干的话、做不相干的事，以安慰自己似的。其结果乃至于任何事业都无所成，这是足致死亡的病症，必须急切疗治。

——《医院募捐的方法》（1933 年 3 月 23 日）

由许多经验而得一句格言："做事莫嫌小，越小越做得好。"

近年来，本人提出一个主义，就是"一人一事主义"。

每一个人，无论在哪一个空间（或在一个时间），都集中心力专做一种事业。

　　　　　　　　——《一段错误的经历》（1940 年 6 月）

　　到底如何才可以促起人们的觉悟？唯一的方法，便是拨开现局，使人们伸出头来，看看现局以外，还有一重天地，不误以为现局便是天地。如果人们长埋在现局中间，纵然觉悟了现局之坏，然而不知道何处才好，永远不会从现局中间自拔出来，跳到另外一重天地去。因为他们从来没有见过另外一重天地……

　　我们任解决目前一个什么小的问题，都须得知道世界上已经有了一个什么好的方法……

　　如果只顾眼前的问题，不顾世界的方法，必定做出许多错误的事体……

　　所以，我们每提一个问题时，必先提及世界的意义。不是我们明白了世界的意义，是希望比我们更明白世界意义的军政长官，更着眼于世界意义，更着眼于现代的世界意义。

　　　　　　　　——《四川的问题》（1931 年 6 月 2 日）

（3）做事与读书

读书，可以提供办事的兴趣和能力；可以扩大事业的眼光和坚定志向；可以探讨和建立共同的社会理想；可以参考许多经验和办法。

——《四川的新生命》（1924 年）

研究的方法：第一是读书，第二是讨论，第三是考察。

——《四川的问题》（1931 年 6 月 2 日）

在幼时做事之前读书，远不如做事之后再来读书，更特别感到兴趣，更特别感觉亲切。做事越多，兴趣越浓，了解也越深刻。

——《如何改革小学教育》（1948 年 4 月 22 日）

书只能介绍知识，却不是知识，读书只能作为求知识的帮助，不能只从书上求知识。

我们应从野外去获得自然知识，到社会上去获得社会知识。

——《怎么样做事——为社会做事》（1929 年 4 月 22 日）

希望同学出去，一方面保全工作成绩，一方面还要保全身体的健康。静的工作，需要动的运动；动的工作，需要静的休息。务须动作配合得宜，三餐有定时，起居能安定，方有健全的体格，工作才能有好的成绩。

——《对训练所毕业同学临别赠言》（1939年10月16日）

（4）如何待人

我们对人（要）有两（个）美德：一是拯救人的危难；二是扶助人的事业。

做事不应怕人反对，但应设法引起人的信心和同情，减少人的反对。

我们做事应取得利益，但应得自帮助他人，不应得自他人的损失。

人对人的行为宜找出好处；对自己的行为，宜找出错处。

搜寻人的坏处，不但无由望人好，倒把自己的思想引向坏处了。

我们最可惜的精神是：不做事而对人，专门防人图己，或更专门图人。

对人诚实，人自长久相信；好逞欺饰，人纵相信，只有一次。

忠实地做人，诚恳地对人。

对人说话，须先想想，使人了解，并须使人感动，才有力量。

从行为上表现自己，自得人佩服；从口头上表现自己，徒讨人厌恶。

给人饭吃，是教人吃饭靠人，不如给人一种自找饭吃的能力。

人有不可容的事，世无不可容之人。

消灭社会上的罪恶，不是消灭罪恶里面的人，是要拯救出他们。

但愿人人都为园艺家，把社会布置成花园一样美丽；（人人）都为建筑家，把社会一切事业都建筑完成。

　　——《怎么样做事——为社会做事（偶感佳言录）》（1934 年 2 月）

望人做好一桩事业，自己应在前面指导，不应在后面鞭策。

　　——《怎么样做事——为社会做事》（1929 年 4 月 20 日）

假定我们看清了离我们理想的社会的距离，那么，我们就不应该责备他人、形容他人、痛骂他人，我们应该像爱护无人照顾的小孩子一般的爱惜他们、同情他们、帮助他们。

　　　　　　　　　　——《要参加社会活动》(1933 年 3 月 30 日)

处世接物，应抱受气、吃亏两大种主义。

　　　　　　　　　　——《卢作孚年谱》(1937 年 6 月 13 日)

我们所谓"礼"者，客气之谓也，好比一桩经济事业赚得的钱，大多数拨归公有，继续作生产的用途，个人只享受最低限度的生活费，此之谓"礼"；一桩公众的经营，今天没有钱办了，我们毁家纾难，枵腹从公，此之谓"义"；凡是公众的财富，我们绝不苟且一点，此之谓"廉"；同时做一桩公众的事情，假设我所做出的成绩不若别人的好，此之谓"耻"。

　　　　　　　　　　——《卢作孚年谱》(1934 年 8 月 22 日)

凡我一切活动，让你欣赏，做成让你享受，这就是我对你的帮助，这就是我对你的答复。

　　　　　　　　——《我们要"变"，要"不断地赶快变"》(1943 年 10 月 4 日)

（5）怎样组织青年服务社

我们事前必须调查成立青年服务社的社会环境。是哪一类的社会？大多数人是任哪一类工作的或过哪一等生活的？他们有什么样的需要？（这样）我们才能做什么样的供给。我们应为大多数的人群服务，应有很显明的大多数人群做我们服务的对象。我们必须解决所在地的人群共同感有的问题，必须使我们的服务的事项发生效力，必须使我们的服务工作表现出成绩，使我们表现的成绩人人都能认识，由认识而起信心和同情，而协助我们，依着我们的要求行动起来。这样，才能达到我们服务的目的……

我们绝不由想象决定服务事项，而必须根据实际调查确立服务计划；绝不将人们偶然需要帮助的事项作为我们主要的服务事项，而必须以大多数人最迫切的需要为对象。我们绝不坐在服务社等待周围的人们来寻求我们的帮助，而必须去寻求周围待我们帮助的人们，向他们宣传，运动他们接受我们的帮助，不仅使每一个接受我们帮助的人们得到了好处，尤其需要解决社会的公共的问题，使整个社会发生变动。我们不仅是自己为直接受我们帮助的人行动，并且要使接受我们帮助的人共同行动。我们绝不凭借自己的聪明来解决问题，而且要设法使一切服务工作技术化，同时联络专管机关或该项专门事业的人才，请其主持或请其协助进行。如此才能发挥我们服务的力量，使工作效果能显著到社会上，才能于直接服务社会外，发生更深切的影响给予社会。

因为我们服务的目的不仅在帮助个人，而且还要帮助社会，解决当前社会的问题，乃至逐渐推广，帮助解决当前国家的问题。故不仅一个青年服务社应注意到该社所在的社会的需要，我们负领导责任的同志，尤当注意到整个国家共同的需要，以寻求各地青年服务社共同努力的方向。

——《怎样组织青年服务社》(1939 年 12 月)

（五）精神之改造

（1）变更社会的要求

最堪悲悯的是人们明知现局之坏，而甘沉湎于现局之中为其所左右，不能而且不肯摆脱于现局之外以将现局变过。自己并不知道亦不考察这是什么缘故。

……（人们都）这样拼命地挣钱，究竟有什么意义？解释起来，这乃是一种社会兴趣促成的。社会上相与比赛的事情，亦都缘由成功而取得一般人的羡慕，乡下人津津有味地谈起："今天某老太爷又买了一大块田，租谷收到整整千石了！"旁边人亦津津有味地听着而且想着自己何时也到这个地步……大家注意比赛的，应该争的是一乡或一方的面子。

一些人都盛传某人在外面做官，又汇二十万元回来了，都相互勉励，你快生个好娃娃，将来也这样做官去。于是乎做官的人以找钱为能干，为体面，乃正贪官污吏所由来了……

利用比赛所有以奖励人取得其所未有，于是逼成人们有四种普遍的行为：

第一是"要"，逢着人便苦苦要接济，要调剂。

第二是"偷"，钱到手便舞弊，官司到衙门便秘密苟取。

第三是"抢"，团总之于一乡，军队之于一方，苟有力量，都尽力抢。

第四是"争夺"。一物由两人或群人要取而有之，则当然拼命争夺了。如果大家拼命比赛其所有，又不断比赛其行为，如何取得其所未有，要或偷或抢，所得唯一的结果，便是不断地争夺。失败便是最好的结局。

——《四川人的大梦其醒》（1930年1月）

今天以前社会的要求，有一个根本的错误，是要求人以所有的表现在社会面前，要求人有好的吃、好的穿、好的房屋、好的陈设、好的财产、好的地位，以这一切所有的表现在社会面前。于是人都努力而且拼命追求或积聚其所有，以表现在社会面前，以此形成自私自利的局面。今天以后则应变更社会的要求，不要求人以所有的而要求人以所为的在社会上表现。要求你为公众担当大难或为公众创造幸福，你便会努力而且拼命地趋赴于这些方面，以你所为的在社会上表现……

人们之努力追求并集聚其所有，非为了自私自利，乃为了社会的要求，所以医病要从社会的要求医起。如何变更社会的要求？是需要凡关心中国问题的人努力，而不需要等待政府或者仅仅责备当局，尤其是需要以新的社会要求，促起政治中间的人们有新的行动。……如果你有新的科学的发现，便为举国所争先研究；如果你有新的机器的发明，便为举国所争先采用；如果你为社会担当了大难，便万众欢迎；如果你为社会创造了幸福，便万众庆祝……你的生命会沉溺在这强烈的社会要求当中，如醉如痴、如火如荼，比较沉溺在漂亮的衣服、高大的房屋、名贵的陈设、富有的财产、出人头地的地位，其要求人的力气和生命，更深刻而浓厚。只要社会变更了要求，人就变更了行动。好友何北衡说："要创造新的社会，只要赶快地创造新社会的引诱。"其解释是何等精透。人绝不是自私自利的动物，有认定自私自利竟是人的天性的，那只是为社会要求造起保护。可惜人只敢给予社会的要求，而不敢变更或创造新的要求。……今天急切需要的便在提起新的要求，以整个的世界作为刺激，以现代的解救国家困难的运动作为新的社会要求，乃可以治疗中国人的沉疴，使脱离于自私自利的病榻中。

——《什么叫作自私自利》（1934 年 2 月 17 日）

（2）建设新的幸福观、成功观、报酬观

今天以前的社会兴趣，在以个人的所有表现在社会上；今天以后的社会兴趣，应以个人的所为表现在社会上。

好人只知自爱，不顾公众的利害，结果便是让坏人越坏。

要在社会上享幸福，便要为社会造幸福。社会不安宁，绝没有安宁的个人或家庭。

造公众福，急公众难。

——《怎么样做事——为社会做事（偶感佳言录）》（1934 年 2 月）

大家应认清幸福。人生的快慰不在享受，而在创造幸福；不在创造个人的幸福，供给个人享受，而在创造公众的幸福，与公众一同享受。最快慰的是且创造，且欣赏，且看公众欣赏。这种滋味，不去经验，不能尝到。平常人都以为替自己培植一个花园或建筑一间房子，自己享受，是快乐；不知道替公众培植一个公园或建

筑一间房子，看着公众很快乐地去享受，或自己亦在其中，更快乐。一个朋友说："人们建筑一间美丽的房子在一个极大的猪圈里面，何如建筑一间小小的草房在一个极大的公共花园里面！"这便是一个顶好的盘算，最大的快乐、最大的幸福，都在公共的经营里面。

我们如果不汲汲于个人幸福的享受，便不求有所取得，便用不着互相争夺了。

——《四川人的大梦其醒》（1930 年 1 月）

大家要扩充爱的对象，变更爱的方法。……无论对人、对物施其爱的感情，便是精神上非常感觉快乐的。只要我们扩充爱的范围到社会上去，到处都需得我们尽力量去想办法。我们可以爱一个公共图书馆，把它装饰得非常美丽，安排得非常完善，使一切社会上的人都羡慕它，都要来亲近它，都感激它的亲切的帮助。我们如果拿十万、二十万来加在这一桩爱的事业上，我们无穷的快乐，至少也应该超过我们将十万、二十万的财产，来交在一个不成器的儿子手上。

——《四川人的大梦其醒》（1930 年 1 月）

一群努力的朋友，无时不在惊风骇浪中挣扎前进、悬心吊胆，绝未容有瞬息之苟安。此是痛苦，却亦是快乐。

——《十周年纪念日》（1935 年 11 月 1 日）

中国人有两种美德，是可以战胜世界任何民族的，一个是勤，一个是俭。如果能以勤俭的分子组织成一个现代的社会，必定更有攻有守，超越其他国家的战斗力……

所以我们创造四句新的口号，是"大胆生产，小心享用"，大胆生产之谓勤，小心享用之谓俭。

——《大胆生产，小心享用》（1937 年 1 月 1 日）

人的成功不是要当经理、总经理，或者变成拥有百万、千万的富翁，成功自己；而是盼望每一个人都有工作能力，都能成功所做的事业，使事业能够切实帮助社会……

我们做生产事业的目的，不是纯为赚钱，更不是分赃式地把赚的钱完全分掉，乃是要将它运用到社会上去，扩大帮助社会的范围。所以我们的目的，往往是超赚钱的。

工作的意义是应在社会上的，工作的报酬也应是在社会上的。

它有直接的报酬，是你做什么就成功什么。你要办一个学校就要成功一个学校，要修一条铁路就成功一条铁路。

它有间接的报酬，是你的成功在事业上，帮助却在社会上。你成功了一个学校，帮助了社会上无数读书的小孩子，或培植了未来社会上无数需要的人才；你成功了一条铁路，帮助了无数的客和货，帮助了生产建设和文化传播，这便是间接的报酬。

最好的报酬是求仁得仁，建筑一个美好的公园，便报酬你一个美好的公园，建设一个完整的国家，便报酬你一个完整的国家。

这是何等伟大而且可靠的报酬！它可以安慰你的灵魂，它可以沉溺你的终身，它可以感动无数的人心，它可以变更一个社会，乃至于社会的风气。一点儿月薪、地位……算得了什么！月薪、地位……绝不是你的工作报酬，只是你的工作的帮助。帮助只需要到最小限度，工作乃需要到最大限度。

——《工作的报酬》（1934 年 3 月 3 日）

在今天以前，中国坏人固不论，即所谓好人者，亦大有不妥处。我人所称之为好人，往往即指不做坏事者之谓。不做坏事，亦即为己，因彼所为者，为一己成好人而已，不爱利而爱名，名即自身之名，中国不需要此种人。吾人做好人，必须使周围都好。只有兼善，没有独善。本人对自私自利，有新的解释，以为狭义之自私自利，仅为求一己衣食住行欲望之满足。由此解释，则破衣足以御寒，粗食足以果腹。但今日之衣服必求华丽，食物必求珍馐者，盖因流俗嗜好，故争趋之。由此相衍成风，而自私自利之欲望，乃无满足之境。所以我人必须变更此种倾向，改为欣赏他人良好之行动，及其对国家社会之功绩，而对于自己的生活，应尽量俭省。

——《精神之改造》（1939 年 8 月 14 日）

文本选读

乡村建设
（1930 年 1 月 7 日）

第一章　建设的意义

建设的意义是说："今天以前没有举办的事情，把它举办起来。"这是好多乡村朋友不很明白的，因为他们骤然见着今天以前没有举办过的事情，他们不会明白这事情的意义，你就给他们说得十分明白了，他们也是不会感觉这事情的需要的。因此他们见着你来举办这些向不经见的事情，不是大惊小怪至少也是会怀疑莫解的。

我举两个例子。一个例是：我们要改良巴县北碚市场的街道，许多老百姓便大骂特骂起来。说是：自有北碚市场，便是这个样的街道，至少也有几百上千年，大家走得好好的，你偏偏一来就见不得，走不得了！又一个例是，我们不要一个钱帮助各乡场的小孩子点种牛痘，许多人都劝别的人切不要抱小孩子来点种。他说：哪有这样做的好事的？他今天不问你要钱，等害得你的小孩子要死了，他才问你要！

由这两个例看起来，乡村的朋友不但不懂得建设事业，而且不愿有，深怕有建设的事业；不但是无知识的人们是这样，尤其是那在乡村的地位很高、名望很好、权力很大的人是这样。因为他们另有经营的事业，是他们向来把持着经营的。

第一便是赌博，赌博越多越大便越有希望；第二便是庙子、唱戏、酬客，一年大闹一两个月，是他们的面子。你要在场上去办一桩什么建设事业，绝对找不出一文钱，他们却是每天可以有千块钱以上的输赢，每年有万块钱以上的戏钱、席钱的开支。这些事业是他们要把持着经营的，因为他们可以摆面子出来，找钱进去，这便是他们建设的意义。

我们要提倡的事业意义却不同，在消极方面是要减轻人民的痛苦，在积极方面是要增进人民的幸福。

怎么样减轻痛苦呢？是要他们少些骚扰，少些病痛，少些天灾，少些强力的压迫，少些不应该有的负担。怎么样增进幸福呢？是要他们多些收获，多些寿数，多些知识和能力，多些需要的供给，多些娱乐的机会。我们要做这样的事业，便要准备人、准备钱、准备地方、准备东西，尤其是准备办法。许多人分工合作，继续不断地去办。这便是我们要讲的建设的意义。

第二章　乡村地位的重要

向来县以上的政治机关，都在城市里边，所以政治上的种种经营，往往集中于城市。城市问题，因为在政治机关的眼前，最容易被政治机关发现。政治机关的种种设施，亦自然地首先从城市起，或竟不设施到乡村。所以城市地位十分重要，甚重要的乡村地位反因此降低。

因此，形成一种城市中心的政治。不但政治机关皆在城市，举凡高级学校，皆在城市，各种工厂、商店、银行皆在城市，铁路、马路、航路亦皆力谋城市与城市间的联络，一切自来水、自来火的供给，消防卫生的设备，皆集中于城市，城市建设极其完备，乡村建设却不成为政治上的问题了。

然而乡村地位仍是十分重要，绝不因为政治上的轻视而遂降低其地位。第一是政治的关系。政治上最后的问题是全国的问题，它的基础却在乡村。无数乡村乃仅仅绕一城市，乡村人口的总和亦不知若干倍于城市，乡村地位之重要，就此已可证明。还不只此，每每盗匪问题是起于乡村，不起于城市，在历史只听着说盗匪满山，不容易遇着盗匪满城。盗匪一起，发生了乡村的治安问题，也就是地方的治安问题，扩大起来，便成了国家的治安问题，乡村地位之重要，就此更可证明。乡村人民不能自治，不肯过问利害切身的乡村问题，便完全让土豪劣绅专横；自然，他们更不肯过问眼前以外的地方乃至国家的政治问题，便完全让军阀官僚专横。一个乡村问题放大起来，便是国家的问题，乡村地位之重要，就此越可证明了。

第二是教育的关系。人每每说："中国人受教育的太少。"要知道这些太少的数目，绝不是在城市，是在乡村。我们调查乡村的学龄儿童时，曾经问过他们的父母："何以不把子弟送去读书？"他们不是说读不起书，便是说没有地方读书。这一个回答中的第二个问题在城市是不会有的，第一个问题在城市里也比较少得许多。城市人民贫富的不同，其子弟读书年数多少常因而不同，因贫而绝不让子弟读书的，却并不占多数。所以就数量说，乡村教育的经营远在城市以下，乡村教育的需要却远在城市以上。就结果说：乡村中间的少壮年人是常常向城市迁移的，至少也常常在城市里求生活的。乡村是不断地供给城市人口的地方，如因教育缺乏，供给的都是无知识的人口，那不唯于城市文明没有帮助，反而妨碍不小。乡村教育如果不发达，不但是乡村问题，而且变为城市问题了，可见乡村地位十分重要。

第三是经济的关系。乡村的经济事业越不发达，乡村的人民便越往城市跑，乡村的农作和工作，便会乏人担负了。城市的商品，虽大多数是经过工业制造来的，虽大多数的工业都在城市里，原料却来自乡村。或须开发，或须培植，或须就乡村里制造完成，这些事业里做工的人都跑到城市去了，就会减少开发培植制造之量，就会引起城市原料的恐慌。再则城市工业进步甚快，交通事业发展亦快，原料需要增加之量因而越大，乡村经济事业如没有同样的速度进展，即使不衰退，亦必引起城市原料的恐慌。所以就经济方面说，乡村地位亦十分重要。

如果人们仍是继续不断地重视城市而不重视乡村，努力于城市的经营而不努力于乡村的经营，必更有一危险的问题，便是："促成人口集中城市。"因为政治机关都在城市，所以愿意做政治活动的人们，都愿意活动于市。因为经济事业，城市特别发达，职业种类，城市特别繁多，所以选择职业和想过较优生活的人们，都愿意从乡村跑入城市。因为乡村不易求学，有了学问亦没有用的处所，所以要求学的和有学问要应用的人们，都不能留在乡村，而必须移入城市。因此，不但乡村人口逐渐减少，会成了乡村问题，城市人口无底止地逐渐加多，更会成了城市问题。人口集中于城市，在现今的欧洲、美洲已经成了问题，在未来的中国，亦自必成为问题的。要避免它，便应赶紧解决乡村问题。

所以乡村地位十分重要，是一般人应该知道的，尤其是乡村里的人应该知道的。

第三章　乡村的教育建设

乡村第一重要的建设事业是教育。因为一切事业都需要人去建设，人是需要教育培育成的，所以努力建设事业的第一步是应努力教育事业。教育事业分为两类：一是学校教育，二是社会教育，且先说学校教育。

第一是学校教育的量。一个镇乡不下几千个小孩子，却每每不过一两个小学校，私塾的数目不知若干倍于学校的数目，不读书的小孩子不知若干倍于读书的小孩子。大多数的小孩子在可以读书的年龄，没有读书的机会。他们也一样有聪明才力，但没有法子发展起来，帮助社会。在今天以前，读书是一种专业，读书人是农人、工人、商人和一切有职业的人以外的一种专业的人，所以只须有一小部分的人专读书。今天以后，农人、工人、商人和一切有职业的人，都须有知识、有能力，读书便须普及。学校便须扩充到市场以外，到四乡去，尽量容纳一切应该读书的小孩子。

这样办理，首先便应该调查学龄儿童——应该读书的小孩子，调查进了学校、进了私塾的和连私塾都没有进而完全失学的，各有数若干，才能决定应该办理若干学校，一个学校应该容纳若干学生。学校的大小和多少既已决定了，进一步应想法筹备的便是经费。

向来乡村小学所有的经费，只限于教师最低的月薪，而且低到连教师的生活都不能维持。因此，不能得着好的教师，或虽然得着好的教师，却没有教的东西。以后教师的月薪，最低须够维持他的一个小家庭当时的生活。除教师的大薪外，还须有充足的设备费和应教育需要的种种用费。

有了经费还须得培育教师，今天以后的教师不是仅仅认得之无便够了的，还须有丰富的常识，不仅仅是为了吃饭来当教师，还须有教育的兴趣，不仅仅是教几句书，还须要教学生种种的行为。这样的教师，不但今天不够，而且今天没有，是须急切联合各乡村乃至于一县设法培育的。

有了经费，有了教师，便要开始设置学校了。设置学校的第一要事在选择适宜的地方，求便利周围就学的小孩子；第二要事在建筑经济而适用的校舍，辟广大的运动场和校园；第三要事在购置丰富的图书、仪器、标本、模型……要使学校成极可爱的地方，里面有许多可爱的东西，让那些小孩子去努力经营。怎样经营，正是先生应该教的。不应像现在的学校，一座烂污而黑暗的庙子里安了几张破旧的桌子、板凳，而且放了一块可怕的板子。

现在至少初级小学教育应该普及，高级小学应该适应初级小学毕业生升学的需要；初级中学，应该适应高级小学毕业生升学的需要。这些计划不应该完全等着县教育局决定，各镇乡的人们应该各就本镇、本乡，提倡或联络邻镇乡经营，做一个好样子，使别的地方学起来，这也是一种教育的精神。就是教育局要完成县的计划，也是应从一个镇乡着手先经营的。

以上说的是学校教育量的问题，但是质若不好，结果不但是教出许多无用的读书人，而且教出许多比较更能想方打条扰害社会的。设如在这不好的教育的量上去谋普及，结果不但使人们全体无用，或且全都去想方打条，扰害社会，那如何得了呢？所以我们更要紧的最后的工作，是怎样去改良学校教育的质。

现在学校实在办不好，办学校的人都有一样的错误，认为学生只应该读书，只应该认识书本，不知学生于认识书本以外，还要到学校以外去认识自然、认识社会。不但是多识鸟兽草木之名，还要去多识鸟兽草木；不但是专从书本上去看人的言语行动，还要从实际上去看人的言语行动，而且要亲去言语行动。要从自然界、从社会上，才能得着真切的知识，书本不过是记载那些知识的东西，并不是知识。要养成儿童获得知识的能力，他才能够一辈子随时随事获得知识。

教育的主要目的，不在给予学生以知识，而是训练学生的行为。第一是训练学生在家庭中间的行为，使他知道怎样去管理家庭的银钱、整理家庭的东西、讲求家庭的卫生、改良家庭的习惯、注意家庭的教育。第二是训练学生在政治上的行为。使他知道怎样选择、怎样会议、怎样参与地方的事业、怎样完成国民的责任。第三是训练学生在经济上的行为。怎样成就他在职业上的技能，怎样提高他在职业上的地位，怎样教他继续不断地努力于一种职业。第四是训练学生在交际上的行为。教他对人怎样恭敬、亲切、诚实、有信义，语言怎样明了、委婉而动听。第五是训练学生游戏的行为，教他怎样运用暇时、运用人群，做正当的游戏，消灭以前社会上有的赌钱、饮酒、吸鸦片烟等种种不良的行为。

训练学生最要紧的两点：第一是训练他们运用科学的方法。科学就是整理经验的方法，就是将我们所有的经验整理成系统的方法，就是将我们所有的经验，整理出一定因果关系的方法。我们今天以前遇事不知理出系统，找出因果必然的关系，所以容易迷信鬼事。认为赌了冤枉咒，菩萨是一定要降罚的，拿一个人脚跌断了的偶然的事实，来证明赌咒的灵验，却把许多没有灵验的事实忘却了。你偷了人的东西，菩萨是不管你的，你错赌了咒，菩萨却要来管你，这很显然的是不通的事情。经验应该是不让你去迷信，只因为你不去整理它，它也就不会来帮助你。

训练学生最要紧的第二点，是教他们随时随地有艺术的欣赏。艺术不是限于图画、雕塑、音乐和其他专门的作品或专门的活动。是要人们的一切语言行动为所获得或造成的结果都充分含有艺术的成分，围绕着、浸润着人们，使人们倾所有的感情去欣赏它。

如果乡村的小学校，能够实现以上的办法，培育出来的小孩子，一方面是能干的，一方面是快乐的，必能够创造无数崭新的可爱的乡村，为我们愿意在里边居住的。

再说社会教育。社会教育的量，第一步是应普及于市场；第二步是应普及于乡村的人家。社会教育的事业，不仅是需要一个讲演所或一个图书馆，是要创造许多模范事业，给予人学；其次亦要利用新剧、电影、幻灯、照片、图书、模型……给予人看。目的尤其是辅助人们、指导人们改良实际的生活——改良他们家庭的生活、职业的生活、游戏的生活、个人饮食起居的生活。尤其是在辅助人们、指导人们，解决社会当前的问题，解决政治问题、经济问题、教育问题，都从一个当前的乡村起，要紧在促起人们的行为，继续不断地改良他们的生活，解决社会的问题；要紧在指导他们许多方法，帮助他们许多力量。首先还须自己要有方法、有力量。最好各个镇乡先行培养这样的教师，联络各镇乡担任新剧、电影、幻灯、照片……种种设备，然后办理一种场期学校，用简单的文字、表演的方法，授以各种常识。不必要固定的学生，凡赶场的人，无论男女老幼，都可来学，学一回算一回，至少可以学会一桩简单的事情。

第四章　乡村的经济建设

经济问题是人们物质生活的需要和供给的问题。包含着怎么样生产、怎么样交换、怎么样消费、怎么样分配几个问题。经济建设，就是用来解决这些问题。

无论要解决一个什么问题，都须先把那问题分析清楚，把那问题里边的事情调查清楚。所以我们在乡村事业建设之先，还须调查乡村经济状况。必须调查的有四类事项：第一须调查本地的出产、原料或成品是什么价格，宜于什么用途，每年产若干数量。第二须调查原有的或应提倡的生产事业。他的资本多少、人工多少、利益多少、经营的方法怎样。第三须调查生产事业需要的原料和工具。社会上一般需要的成品，须由他地方运来的。第四须调查现有的不敷或过剩的人、失业者的状况。区域以内的事项，派专员或组织调查队去调查，区域以外的事项，通信或派专员去调查。

同时应筹备关于经济的公共事业。第一是气象台。乡村农人最感痛苦的是天灾，或苦久晴，或苦久雨，或苦风雹，不但是他们无法宰制，亦并无法预料。气象台便是测量气象变化的机关，它可以把最近的将来气象如何变化告诉农人，农人便可对农作设法预备，对灾害设法预防。第二是农事试验场。可以将各种不同的种子、不同的播种期、不同的土壤、不同的肥料、不同的距离，通通试验出来，比较成绩的好坏，告诉农人，并且指导他们怎样改良种子、改良土壤、改良肥料、改良一切种植的方法、改良农具，期于节省生产费，提高并加多生产品。第三是设立苗圃。培植各种关于园艺和森林的苗木，指导农人讲求园艺，培植森林。第四是开辟公用的堰塘或凿公用的井，蓄水以灌农田，或购公用的吸水机。第五是设立农村银行。在农人青黄不接的时候，贷予款子，并办理存储及汇兑。

第六是提倡合作社。提倡消费合作社。供给农人廉价的消费品。并分予最后所获的红利；提倡生产合作社，以公共的保证，帮助需要借款的农人，取得随时可以借款的权利。

此外还须指导农人改良副业——改良养蚕的方法，置设公共缫丝厂、公共干茧室。改良养猪、养鸡的方法，并提倡堰塘和农田养鱼。指导农人暇时工作，改良工具和工作方法，制造农产原料，供给农人需要，并倡办工厂。指导商人运销农人产品。对于农工成绩很好的，为之介绍，为之宣传，呈请政府给予奖状，给予奖章，施以种种的奖励方法。

如果有特殊产业的地方，亦须对于他们特别指导改良生产的方法。产煤的区域，须指导产煤改良的方法；产纸的区域，须指导造纸改良的方法。一方面倡用机器，节省人力，减少消费；一方面仍使人力有致用的地方，不使有失业的恐慌，第一教以新职业的技能，第二为之介绍新职业，那便骤然失业的人都有办法了。地方上还有根本没办法的，应由地方为想救济的方法，病废的、老弱的、幼小的，都应特别由地方想法去救济他。

第五章 乡村的交通建设

交通事业，是现代人们生活上最需要的事业。货物，全世界的要相互交换。人们，全世界的要相互往还，一个人常与距离到万里的人们有关系，常常要知他们的消息，常常要和他们通信。这断断不是人力或以畜力的交通事业办得到的。以人力担挑子、抬轿子，以人力拉船、划船，是四川以前的交通事业；以人力推车，以驴力、马力、驼力拉车，是中原以前的交通事业。到了今天以后都不适用了。第一是时间问题。人力、畜力，日行不过百里，火车、轮船日行却达千里，电报、电话，则更顷刻达数百里、数千里、数万里。缩短时间便等于延长寿命，坐在轮船、火车上过一天的生活，如果坐在轿子里或木船里，便要过十天；用人力带信件，如到万里以上至少要一年以上，才可以得回信，用电报一天两天，便可以得回话。这样缩短时间，帮助我们太大，不可不赶紧想法。第二是数量问题。如果生活必要的食物、燃烧料，大批运到几千里、几万里以外去，断断乎不是人力的挑子或车子办得到的，必须要用火车、轮船。第三是运费问题，如果真用依赖人力的挑子或车子把煤炭运到几千里以外，恐怕豆腐也要搬成肉价钱。

不过前面曾经说过，世界的交通建设，差不多都以城市为中心，铁路、马路、航路、航空，都是城市与城市之间的联络，乡村如果不临近这些路，是不易享这样幸福的。今天以后的乡村建设，不易就达到这样的程度，乡村人民，亦自不易遽然享受这样的幸福。不过交通事业，总须由城市而逐渐及于乡村，于城市与城市的联络以外，亦须逐渐谋乡村与乡村的联络，尤其要谋乡村输出输入的便利，以辅助改良乡村人民的经济生活。

第一须建筑道路。如果人多货多，不问路线长短，只要可以节省时间和运费，便须建筑轻便铁路或马路。其次亦须改修人行的道路，减少大的弯曲，或陡的坡坎，把路线缩短，并使晴雨都便于行走。第二便须经营河流。许多小的溪流，只须筑起堤堰，常有几里、十几里、几十里可以行船。乡村出产大半是粗笨东西,譬如米粮、木材、煤炭，有了比较便利的交通帮助，便比较地容易运输出来。

传话的交通事业，可以节省无数的人的往返。如果能够改良，便可以节省甚多的时间，便利解决一切的事件，更须要赶紧办理起来，也比较建筑道路、河堰等容易办理起来。第一便是邮政。好多镇乡都已有了，但是很不便利，每每他们要三天、五天才走一次，仅仅距离几十里的地方，或须十几天才能得着回信。我们平常说话，都是希望说出来人就立刻听着，而且立刻回话，如何可以在最近的距离也等待好多天。或更因为传递迟滞而贻误事件，所以乡村的邮政，最好多辟路线，多加邮寄的次数，最少也要一天有一次的往来。

能够在远距离立刻听话而且立刻回话的设备，最好是电话机，在乡村里安设一里，不过花上几十块钱，安设百里，不过几千块钱，一部电话箱，不过花钱几十块，一部几十门的接线机不过花钱几百块。应以最短时间在各镇乡安设完备，而且须予一般人民用电话说话的权利。

第六章　乡村的治安建设

　　乡村的治安建设，在几年或十几年以前是没有的。大家受了无数的损失，吃了无数的痛苦，才知道起来谋治安的办法。办团，防匪，已经有了显著的成效。不过从我们看起来，仍觉得是一个没有解决的问题，还须怎样想法去解决它。

　　团防是被匪徒抢劫、逼迫得无地可偷安了，才办理起来的。所以匪徒消灭以后，便消灭了办理团防的需要，团防放松懈了。匪徒抢劫得最厉害的时候，大家都肯出钱、出人办理团防。而今，人是不肯出的，一个场只有几个无业游氓当团工；钱是不肯出的，大概团练经费，都是抽的买路金银。用此方法办团，自然是有名无实的。目前乡村苟得治安，不是仗恃有团，是仗恃没有匪，如有匪患发生，在现今情况之下的团练，是不会有多少办法的。而且团在打匪的时候，是由人民集合起来的，也是帮助人民的，到了匪患消灭以后，人民不再与团发生关系，团也由帮助人民而变成扰害人民了。一个场上有几支公共的枪，在有匪的时候，是打匪的；在没有匪的时候，便是压迫人民的。所以乡村团练并未建设完善。

团练是要人民亲自担任，仅仅用冬防训练、晚聚早散停三歇五的方法，不能期必成功的。因为一切民丁各在家里，不能没有偶然的牵挂，天天都要集合，而且距离远近各异，天天都要同时间集合，断断难以办到。就办到了，亦断断难于持久。我们认为每个壮丁，至少要有三个月左右的集中训练，应用征兵的方法，按期轮流，各乡征调，直到训练普及而后及。凡经调练的壮丁，每月每镇乡集合一次或两次，既借以检阅他们的军事动作，又借以训练他们开农民大会，给予种种公民的、农业的常识，养成大规模集体的习惯，避免天天集合的困难，节省天天集体耗费的时间，才容易造成人民集中的力量，防御未来的匪患，而且不只匪患。

我们纵不能像上面说的，用征兵的方法，使民众武力化，亦应使武力民众化。使无业团丁，变成有业的人民，于严格的军事训练之外，更施以严格的职业训练。搜尽流氓，入此陶冶，陶冶成熟，便即遣散。

一镇一乡人数太少，不便办理，可以联络各镇各乡，扼要驻扎，集中训练。这样办理，一方面可以消灭游氓，消灭未来的匪患；另一方面又可以增加民力，防范未来的匪患。

稽查奸宄，也是防范匪患的一种方法。调查并登记户口，更是稽查奸宄的唯一方法。这种工作，今天以前，各地方还没有认真做过，今天以后应该有一定的方法、一定的人员、一定的时间，专门去做。如果把户口调查清楚，结果不但是可以稽查奸宄，而且可以得着男女婚姻、财产、职业、迁徙、疾病、年龄……无数的参考材料，以供一切乡村建设的参考。

防止游氓的产生，也是防范匪患的一种方法。搜求游氓施以职业的训练，可以减少游氓。到处开设烟馆、赌场，却亦可以增加游氓。办团人员，有一种重大的责任，是自己从来不知道的，便是劝戒烟和严禁赌博。有的不但不禁，反转重抽烟捐，大招赌博，用以制造游氓，聚集游氓，解释起来，便是一方面造匪，一方面办团防匪，岂不是大相矛盾。

第七章　乡村的卫生建设

虽然团练还没有办好，乡村人民，大抵都知道必须办团，以造成财产的保障。却绝不知仅仅有了团练，生命还没有保障，疾病传染的危险，比匪徒抢劫的危险还厉害。我们有方法避免匪徒的抢劫，却还没有方法，可以避免疾病的传染，一般人都知道治安建设，是很紧要的事业，却还不知道卫生建设，是更紧要的事业。

卫生建设的第一桩紧要事业，便是设立乡村医院，使凡得病的人们，都有医病的地方，而且不取医费，使没有钱的人们，亦有医病的机会，这样施比较可靠的医，比较那施棺材、施阴地，总算更重要些。这样的医院，每镇、每乡至少应有一处，不但医病，还要防病，如像天花是可以点种牛痘预防的，便要为乡村人民，尤其是小孩子，普遍点种牛痘。

讲［究］卫生，是防病最要紧的方法。在个人方面的要靠继续不断教育；在公众方面的，要靠种种卫生的检查和设施，只要有一个小小的市场，便须注意到公众的卫生。第一点是厕所必须清洁，尤其须密闭，乃不至发生蛆蝇。第二点是渣滓必须掩埋，经过相当时间以后，以与土壤混合，还可有加肥的功用。至于人家烧过的煤屑，不应让人混入渣滓以内，应利用起来铺填土路。第三点是蓄积的死水须消灭干净。市前市后，添辟阴沟，务使污水流到远处。第四点是检查售卖的食物，禁止摆在灰尘中，并禁止售卖凉水和陈腐的食物。第五点是全市街面和街沟都须常常洗扫，常常检查市民认真洗扫没有。这些都是乡村里的市场必须办又容易办的事项。公共卫生的事项还不止于这些，不过首先要从这些办起。尤其是窄狭而又黑暗的市场，必须改修它，使它宽大而又光明，可以使场上或乡间赶场的人们少染多少疾病。

个人卫生、家庭卫生，最好场期都有讲演，而且都有表演。医院里在为病人医病的时候，告诉病人，效力更大一些。发现了人们不讲卫生的事体，随时随地，予以引正，亦可慢慢变更人们的行为。务要全社会都养成卫生的习惯，卫生建设乃告完成。

第八章　乡村的自治建设

从第三章到第七章提出的各种建设问题，都是属于乡村自治的范围，是自治事件里边怎样经营的问题。现在要提出来讨论的，是自治事业里边怎样组织的问题。第一是机关怎样组织；第二是人员怎样产生。这两个问题首先解决了，各种建设的事业，乃能次第经营。

原来的场，现在已改为镇乡。每一镇乡有一个教育委员，负的是教育建设的责任；有一个建设委员，负的是经济建设、交通建设、卫生建设的责任；有一个团务委员，负的是治安建设的责任。每一个委员负一方面的全部责任，其下如有各种事业，还须各种专门人才去管理。另外，每一镇乡有一个财政委员，专管各种事业的经费收支；有一个镇长或乡长，便是委员长，主持一镇一乡全部的建设事宜。可是，一切问题之解决，不应出于委员长个人的意思，而应出于几个委员的会议。委员长便是这会议的主席。执行，则由各个委员各负一方面的责任，各谋一方面的改进，是不相混淆、不相侵越的。一方面分工，一方面合议，这便是委员制。

镇乡长以下，还有各闾的闾长，各邻的邻长，办理小范围的关于建设的事务。在今天以前办理的，大概是关于治安建设的事务。如果教育建设、经济建设、交通建设、卫生建设，种种事务，都有一样的经营，都有一样经营至乡村里边去，也应一样划相当的不一定相同的区域，或且另有一定的人员，隶于一镇乡的教育委员或建设委员之下，料理一定的建设事务。

我们认为凡与县有关的建设事宜，虽然在一镇乡里内，亦应听受县政府的指挥和监督的，但仅仅关系本镇、本乡中的事宜亦应另有监督的机关，更亲切地监督着主持建设的人员，才不易于误事或越轨。谁担任这样的监督责任呢？唯一的是人民的代表会议。第一是解决全镇乡本身的重大问题，与他镇乡无关系的。第二是选择镇乡长及各委员。开会和选举，是自治问题中间的两个中心问题。它的意义和它的方法，是应训练镇乡人民完全弄清楚的。怎样推选主席、怎样提出议案、怎样讨论、怎样表决，是开会应有的问题。怎样选择人、怎样投票，是选举应有的问题，必须随时、随地训练人民。彻底的，每邻或每闾应常有人民会议，亲切地商量邻或闾应办的事情；应常选举出为他们议某一件事或办某一件事的代表人，应常介绍本镇、本乡中的好人或能干的人，使他们认识。这都是训练他们选举和开会的机会。

一切建设的人员可以由选举或上层机关遴委产生出来的。但是，他的专门的知识和技能是需要特殊训练的。今天办这一个团务学校是简单地予大家一种自治方法的训练，还不算训练，只算一种讲演。我们盼望继续着办农业研究所、矿业研究所、建筑道路研究所、医药卫生研究所……训练出许多建设的专门人才，各种建设才会举办得起来。刚才说：现在办的团务学校，只是一个讲演，须要知道大家将来实地建设的时候，才会开始受自治的训练。我们建设事业以前，应先建设我们的行为、能力和习惯。可是这样的行动，要从建设事业中才训练得起来。此后大家努力于地方建设，即便是训练自己，亦便是建设自己的一种行为。今天的讲演未尝不是在做建设的功夫，尤其需要做在一切建设事业以前。因为人们在努力于一种事业的建设以前，应先有一种心理的建设，有一种美满的建设的理想，在心理上先建设起来。今天讲演的结果，正是盼望大家心理上都怀抱着一种美满的理想，讲完便求其实现。有理想便实现，亦应该养成一种习惯。

镇乡委员会的组织，上面曾经说过大概。每一个委员范围的职务，亦应划分成系统，有几个人负担，便须明白地分工，即在一个人职务范围以内，亦须有系统地分析出来，这尤其是组织中间的重要问题。组织便是建设人与人间的一种秩序，亦是建设一种事业的秩序。

现在我们应该知道建设的根本问题在哪里。不在经济，不在教育，也不在……却在秩序。无论何种事业，秩序建设不起来，绝对不会有良好的结果的。我们对于任何事业，事前应有精密的计划，事后应有精密的整理，其性质都是建设秩序。秩序问题，是包含着自治事业的经营问题和组织问题，是乡村建设中不可避免亦不可疏忽的根本问题。

原载北碚《嘉陵江报》1930年1月7日至2月8日

建设中国的困难及其必循的道路

(1934年8月2日)

(一) 中国人的两重社会生活

中国目前感受了极大的困难，我们很容易猜想这困难的问题是日本侵略问题，是农村破产问题。这些诚然都是当前感受着的非常困难，然而还是枝节，远不若另外一个根本问题厉害，而且是可以随着另外的一个根本问题解决的。根本困难乃是从中国人的社会生活转变中感受着的，从前清变法起，没有得着适当的方法，一直到今天，其困难仍全然存在。

这篇文章是要提出这个根本问题：中国人的社会生活问题，并且想用方法寻出它之转变非常困难的原因来，最后还想寻出一些如何转变的方案。

如要寻出中国人的社会生活，必先考察中国的地理环境。中国是在亚洲最好的一块地方，东南有大的海洋，西有大山，北有大的沙漠，自然形成一个非常安定的世界。周围则一向都是蛮荒。而又恰在温带，土地肥沃，最适宜于农田，自然形成一个长时间的农业民族，长至几千年。

农业民族是最安定的民族，亦是最散漫的民族，所以在历史上屡被北方游牧民族骚扰，止于去防范他们的时候多，进而去征服他们的时候则绝少。有时竟被他们征服了；然而在礼教文物上，却反将他们同化。所以在历史上我们值得自负的，到底是一个礼教文物的天下。其实这本来不足奇异，那般游牧民族僭越名分来统治了这农业民族之后，绝不能再运用游牧民族的礼教文物。我们的礼教文物原来是为了统治这农业民族积累起来的，他们当然用了这农业民族的礼教文物来统治这农业民族。

因为农业民族是最安定的民族，所以政治上的变乱常常是起于治者阶级，不问他们是宗室或是外戚，是宦官或是权臣，事变是内起于朝廷或外起于藩镇，要皆是起于治者阶级的本身。而被治的农民却常苟安于安居乐业的状态之下，除非是不容安居乐业了，事变是不会起于民间的。

因为农业民族的经济单位非常简单，简单到一个经济单位只需要一个家庭，所以农业民族的社会生活就是家庭生活。纵然有时超越了家庭的范围，然而亦是由家庭的关系扩大的。第一扩大为家族的关系；第二是由父的家族、母的家族联络而为姻戚的关系；第三是由家庭的接近而为邻里的关系；第四是由个人以至家人的往来而为朋友的关系。综合起来：家庭生活是中国人第一重要的社会生活，亲戚、邻里、朋友的关系是中国人第二重要的社会生活。这两重社会生活集中了中国人的要求，范围了中国人的活动，规定了社会上的道德条件，政治上的法律制度。这两重社会生活是中国社会问题的两重核心，所以尤其是这篇文章讨论的中心。

人每责备中国人只知有家庭，不知有社会；实则中国人只有家庭，没有社会，家庭就是中国人的社会。就农业言：一个农业团体是一个家庭。就商业言：外面是商店，里面就是家庭。就工业言：一个家庭里边安了几部织机，便是工厂。就教育言：旧时教散馆的是在自己家庭里，教专馆的是在人家家庭里。就政治言：一个衙门往往就是一个家庭，一个官吏来了，就是一个家长来了。天下是在一个家庭管有之下的。皇帝大崩，太子可以就位，太后亦可以听政。可见得一切社会生活：无论其为经济的、教育的、政治的，要皆以家庭为核心。

孝悌是维系家庭关系的主要道德条件，亦是一切社会的道德条件之源泉。家庭以外的社会关系必用家庭的关系去解释，用家庭的道德条件去维系。就天下说：君父、臣子，是以父子解释君臣的关系；君主、臣妾，是以夫妇解释君臣的关系。就地方言：官是父母官，民是子民，是以父母子女解释官民的关系。人臣的道德条件是要移孝作忠，为官的道德条件是要爱民如子，是用了家庭的道德条件去维持了大则天下、小则地方的关系。尊称朋友为仁兄，自称为愚弟，先生便是父兄，学生称为弟子，更可见得没有一种社会生活不笼罩以家庭的意义。

必须有强有力的社会结合，乃能产生强有力的道德定律。我们很容易明白家庭是一种强有力的社会结合，因为它是具备了其间的分子整个生活相互依赖的条件。人从降生的时候到老死的时候脱离不了家庭的生活，尤其是脱离不了家庭的依赖。你可以没有职业，然而不可没有家庭。你的衣食住都供给在家庭当中。你病了，家庭便是医院，家庭便是看护。你是家庭培育大的。你老了，只有家庭养你，你死了，只有家庭替你办理丧事。家庭也许依赖你成功，却也祷祝并帮助你成功。你须用尽你的力量去维持经营你的家庭。你须为它增加财富；你须为它提高地位；你须为它建筑高大的房屋，布置美丽的花园，点缀若干华贵装饰的东西。不但是你的家庭这样仰望着你，社会上的奖惩亦是以你的家庭兴败为中心。最好是你能兴家，其次你能管家，最叹息的是你不幸而败家。家庭生活是这样以整个社会的关系包围了你，你万万不能摆脱。你为了家庭可以披星戴月，可以手胼足胝，可以蝇营狗苟，可以贪赃枉法，可以鼠窃狗偷，可以杀人越货。你为了家庭可以牺牲了家庭以外的一切，亦可以牺牲了你自己。家庭生活的依赖关系是这样强有力，有了它常常可以破坏其他的社会关系，至少是中间一层障壁。所以要维持其他的社会关系，亦必援用了家庭关系去笼罩，去解释。

第二重社会生活：亲戚、邻里、朋友，亦是形成一种相互依赖关系的。你要是得志的时候有提携亲戚、邻里、朋友的义务，你要是不得志的时候有求亲戚、邻里、朋友提携的权利。亲戚是包含你的家族，你由婚姻或前辈、后辈、同辈的婚姻所产生的直接或间接的关系；邻里是包括一村、一市、一县乃至于一省的关系；朋友是包含同学、同事、同榜及第乃至于如棠、如棣种种关系。在一群无干的人中唯有亲戚显出亲切的情谊；在一群亲戚中，唯有更直接的亲戚显出更亲切的情谊，他们不但有终生往来的关系，而且终其生有缓急时是有相互依赖的关系。有比较可以信托的道德条件存在，虽然这道德条件只存在于亲戚间，并不存在于所有的公共事业或公共机关。因为亲戚的关系有如此的重要，乃至于儿女婚姻也许是为了发生这种关系而成立的，而不是为儿女选择配偶成立的，而不容儿女自择配偶的。在一县中同村的人显出亲切的情谊，在一省中同县的人显出亲切的情谊，在一国中同省的人显出亲切的情谊。他们不但有相互的认识和往来，尤其是有形成团结互相依赖的关系。所以一省的某机关是某县人主持的时候，也许就是某县人盘踞的时候；一国的某机关是某省人主持的时候，也许就是某省人盘踞的时候。甚或竟以同乡会馆称那一个机关。尤其是自湘军、淮军以来，一直到今天的军队，往往是由同乡组织起来的。而所谓同乡也者，不一定要招致，往往是不惮跋涉，千里趋赴，那里得志的人都有辗转设法安插他们的义务。在一群朋友中，同学显出亲切的情谊；在一群同学中，同班的同学更显出亲切的情谊。他们亦不但有情谊，尤其有相互依赖帮助的关系。所以如有用人或荐人的机会，必尽量援引同学，以至于同学成了派别，在政治上、在教育上，尤其在军队上，是强有力的团结。许多军官学校是为了形成军队系统而举办，而那许多出了军官学校又进军官学校的人们亦正是为了多多发生同学关系而屡受训练。

　　家庭是你周围的帮助，亲戚、邻里、朋友又是你的家庭周围的帮助。有了亲戚、邻里、朋友可以救济你的困穷。你需要钱的时候，不必去仰赖银行；你需要职业的时候，不必去仰赖职业介绍所；你要避免任何困难或取得任何便利，都只需要你有亲戚、邻里、朋友。你如果得志，自然有许多亲戚朋友会来依附，虽然你予他们以提携，他们亦很能予你以拥护。你得他们成功了一种势力，可以保证你所在的地位进展或至少巩固。于是乎所谓领袖人才都用提携亲戚、邻里、朋友的方式形成的团结，录用不必是人才，只问亲戚、邻里、朋友依赖你的关系之亲厚。而且只要有亲厚的关系，奖励不必有功尤其是不必于社会国家有功，犯罪不必有诛，或且倒有营救的义务。任何人皆感亲戚、邻里、朋友相互依赖之需要，尤其是读书人；木匠尚可赖有其手艺，车夫尚可赖其有力气，读书人则不必赖有职业上之技能，却必赖有亲戚、邻里、朋友之援引；其地位越高，所仰赖之亲戚、邻里、朋友乃越众，错综复杂至于不可爬梳！尤其是向所谓世家者，非常重视这种关系，直将相互帮助凛然垂为大义。

　　一般亲戚、邻里、朋友之结合是以应酬方式表现的，是在结婚、上寿、开奠等机会中表现的。凡结婚、上寿、开奠之仪式，都视为人生大事，力求其庄严，其中心意义在予亲戚、邻里、朋友以结合之机会，在予个人以有所表现于亲戚、邻里、朋友面前的机会。你为举办这样大事，可以经若干年月的筹备，可以耗若干年月的储积，甚至于可以高筑债台，再经若干年月而后偿清，或竟可以将你累死，却绝不可以不举办这婚丧大事以及寿酒的。你的亲戚、邻里、朋友有这样的大事，你绝不可以不去应酬；乃至于随便请你吃饭，任何时间，不需征求你的意见，你亦得去趋赴，乃至于搁下你的当前工作去趋赴。有人认为应酬是中国人无谓的事，其实是中国人的正事。中国人的社会生活，家庭以外，只有亲戚、邻里、朋友的关系。而这亲戚、邻里、朋友是赖应酬结合起来的，尤其是上流人所需要于亲戚、邻里、朋友的关系更密切，应酬更为重要的工作，直超越了在社会上所担负的任何工作。

从上面的分析，知道中国人只有两重社会生活——第一重是家庭；第二重是亲戚、邻里、朋友。许多积极的道德条件都是从这两重社会生活确定的。超此范围，则社会关系虽然存在，[却]非常薄弱；道德条件，亦都是规定在消极方面：忍耐、和睦、洁身、自爱、与世无争，都是一向社会上所称许的美德。凡涉及公共问题，则多一事不如少一事，有一事不如无一事。能干角色正在化大事为小事，化小事为无事。政治上所一向要求的是清静无为，是与民休息，是轻徭减赋，是讼狱大息、囹圄空虚，是垂拱而天下治，是卧治。这是中国人的社会的特点，自家庭和亲戚、邻里、朋友的社会生活以外，什么都不需要，所需要的是天下太平，是无事。

（二）集团生活：社会生活的核心

我们知道支配人们的行动的是社会生活的全部。社会是有极其错综的相互依赖关系的，如陶瓷有需于瓷厂，磨面有需于面厂，织布有需于布厂，都是我们生活有所依赖的社会，都在我们的社会生活范围以内。然而还不是支配我们主要行动的主要动力。支配行动的主要动力，还不是普泛的社会生活，虽然它也有支配行动的成分。而是社会生活当中的核心——集团生活。集团生活是以三种因素表现在社会上的：第一是整个生活之相互依赖，而不是仅仅生活之某点所需；第二是集团间之悬为标准相互争夺或相互比赛；第三是因维持前两项的集团关系，有强有力的规定人们行动的道德条件。

我们知道中国人的家庭生活是集团生活，因为一家人的生活之相互依赖是从生到死，从衣、食、住到职业、学问，不是供给自家庭，亦是得自家庭的帮助，其相互依赖到不可分离的程度。虽然大的家庭分离了，亦分离到小的家庭而终止。这是集团生活的第一个证明。

门阀比赛是中国人一项强烈的运动，刻苦地积聚财产，不肯吃、穿、享用，刻苦地教督子弟，要他十年寒窗猎得官做；都是为了门阀比赛的缘故。"隔壁张家又买田一百亩了！"可以使一乡人羡称。"隔壁李家的孩子高中了！你家的少爷呢？"可以使一家人歆动。这些都是非常明白比赛门阀的标准。选择婚姻尤其是比赛门阀的天平，甚至于可以产生一乡的舆论。这是集团生活的第二个证明。

你为了家庭可以牺牲家庭以外的一切，也可以牺牲你自己，却不可以不忠实努力于你的家庭；尤其是你成功了一个家庭的被依赖者的时候，你更须得负起责任。这强有力的道德条件，甚至于可以逼你自杀而不许你脱逃的，这是集团生活的第三个证明。

我们又知道中国人的亲戚、邻里、朋友间的生活，是一种集团生活。因为亲戚、邻里、朋友问题的相互依赖亦是无条件的，任何时间都可以发生效力。只要你的亲戚、邻里有办法，你便可以去求他；一样，只要你有办法，他便可以来求你。你可以成功一个职业介绍所，不问人的能力；你可以成功一个银行，不问人的保证金及还期。这是集团生活的第四个证明。

亲戚、邻里、朋友亦自有集团生活的斗争或比赛。在政治上官僚的派别，在乡里间士绅的派别，往往都是各自成功于亲戚、邻里、朋友的集团，集团间的斗争非常厉害。一般从结婚、上寿、开奠等机会中作亲戚、邻里、朋友间的集团比赛。比赛数量，某家老太太的寿宴坐上一百二十席。可以传诸一乡，为一乡人所称羡。比赛人物，其间来了某某大官、某某名宿，便为那一场宴席增了体面。人们认为结婚、上寿、开奠等是一生几回大事，正是因为在这机会中作亲戚、邻里、朋友的集团比赛的缘故。这是集团生活的第五个证明。

你为了亲戚、邻里、朋友的应酬，你必得在月薪正当收入以外去寻求收入；你为了安插你的亲戚、邻里、朋友，你必得有局面较大的地位向上或向四周发展的机会；你如果负着这领袖的责任，你天天都可以被人包围，你都得为人踌躇、为人忙碌。你发生的亲戚、邻里、朋友的关系越多，你越不得自由。这不仅是情感作用，实有大义，实有强有力的道德条件在当中。这是集团生活的第六个证明。

人不能离开社会组织而生活。更不能离开集团组织而生活。从渔猎时代起，至工商业时代止，集团生活的方式屡有变迁，然而必有集团生活存在则绝对无变。集团生活之支配人们的行动是常常加紧了个人的努力，而又抑制了个人的要求；是常常毁坏了，至少障碍了超乎集团生活范围的组织以集中个人之努力于其集团的要求。人没有自私于个人的，只许自私于集团，而且堂堂正正垂为天经地义。在一个公共秩序或公共承认之下奖励其间能够尽量自私于其集团分子，无论其为同集团的，或异集团的，或竟是敌对的集团的。

中国人同世界上任何民族一样，有效忠于其集团生活的美德，绝没有个人的自私。只其集团组织在农业生活状态之下，只有家庭和亲戚、邻里、朋友，与现代已进化到工商业时代的民族有不同。他们是进化到现代的事业，而且由地方以至于国家了，中国人则尚留滞在家庭和亲戚、邻里、朋友的关系当中。我们常常觉得中国人个人的要求最强烈，常常有朋友要求你培植他或帮助他，而没有社会的要求——要求一桩事业好或一个 [地方] 好；实则他个人的背后正藏着两重社会——家庭和亲戚、邻里、朋友——的要求在。常常觉得许多朋友忙着为个人找出路，不肯为社会——一桩事业或一个地方——找出路；实则他个人的出路背后就是两重社会——家庭和亲戚、邻里、朋友——的出路。常常觉得许多朋友忙着为个人增加财富，不肯努力为社会——一桩事业或一个地方——增加财富；实则他至少是为了一个社会——家庭——增加财富。中国人仍只有努力于社会的活动，没有自私于个人的活动。不过中国人的社会生活尤其是社会生活的核心——

集团生活，不是一桩事业或一个地方乃至于一个国家，而是一个家庭和一群亲戚、邻里、朋友。整个社会有天下那样大，天下者，普天之下之谓也，是涵盖的意义，不是集团的意义。而集团生活则只有家庭和亲戚、邻里、朋友那样小，并没有形成一个现代的集团生活的国家。他可以效忠的地方只有家庭和亲戚、邻里、朋友，所以他只好效忠于家庭和亲戚、邻里、朋友。

（三）集团生活转变的困难

假使中国人的农业生活还可以延长下去，则中国人的集团组织亦尽可延长下去。不幸而自前清起，鸦片之战、英法联军之战、中日之战、八国联军之战，无一役不失败。……台湾，……失掉于前，人民国来，西藏、外蒙、东北发生问题于后。在政治上有国无防；在经济上只能享用，不能创造，不断的入超，最多时一年超过八万万元以上。周围的压迫一天比一天加紧，我们的生命一天比一天加蹙，不得不练海陆军，不得不修铁路、造轮船，不得不冶铁炼钢，不得不设制造厂，不得不变法，不得不办学堂。然而这些都是新的社会生活，尤其是新的集团组织，不得不转变其原有的集团组织；不得不降低原有的家庭相互依赖和亲戚、邻里、朋友间相互依赖的关系，而产生适应现代生活的新的相互依赖关系；不得不看轻原有家庭的和亲戚、邻里、朋友间的比赛标准，而提倡新的比赛标准；不得不减少原有家庭和亲戚、邻里、朋友间的道德条件，而增加新的道德条件；于是乎极大的困难乃随此问题而同时产生了。对于新的集团活动一向没有训练，须待重新训练起来，而重新训练在社会间相互适应的活动，乃非常的困难。尤其是原有的集团要求，就是新的集团要求的障碍。譬如政治上有新的建设或社会上办新的事业，各有其新的要求，例如在交通上或生产上；然而所有积聚在这新的集团当中的人们，都是没有这样要求的，而一向家庭生活强有力的要求还存在，自然地仍各自忙碌于解决其家庭的生活问题，不暇顾及这新的集团的利益，而且正从这新的集团取得利益以解决其家庭的生活问题。其行动不但无由实现新的集团的要求，而且恰反破坏这新的要求了。有失败的公司，同时有成功的经理；许多政治上的人们不是去解决政治问题，而是去解决生活问题，便是很明白的例子。

那新集团的领袖无法应着新的要求集中一群人才，同时有强有力的亲戚、邻里、朋友的要求存在，乃适集中了一群亲戚、邻里、朋友，成功了亲戚、邻里、朋友的集团，其间分子各以家庭生活的要求消灭了新的集团的要求，于是乎训练陆军成功了北洋系，分化为直系和皖系；训练了海军成功了闽系；整理铁路成功了交通系……总之，在任何新的事业之下，仍自成功了一群亲戚、邻里、朋友，彼此相为，而不能成功新的集团，为着事业。要建设新的事业乃至于新的国家都容易，要改变这集团组织乃非常困难。从前清变法起，直到今天，还没产出适当解决的方法。

（四）现代的集团生活

中国当前的途径非常明了，不管是社会组织抑或是物资建设，只有迈步前进，追逐现代或更超越现代，不然便会受现代的淘汰，虽然继续安眠在农业生活里，继续安眠在家庭和亲戚、邻里、朋友的集团生活里，是我们非常情愿的；然而周围的形势是绝不容许的，至少日本两三年来的行动代表着现代给予了我们非常明白的暗示。我们要进入现代，一向的集团生活即不能不有所转变，不能不有现代的集团组织。分析起来，不能不有现代的相互依赖关系，不能不有现代的比赛标准，不能不有现代的道德条件，不能不有现代的训练，不能不训练个人去创造现代的社会环境；同时又不能不创造现代的社会环境去训练个人。这是当前根本的问题，任何事业不能避免，虽万分困难亦是必须解决的。

现代的进化在社会方面真可以说是集团组织的进化，逐渐扩大，在未来应得是整个的世界，在现代至少是整个的国家。一方面国家正在极盛的时代，一方面许多生活要求例如文化、交通、生产的交换，亦正要求突破国家的重围而尚未能。我们可以努力的限度仍在国家范围以内。在一个国家范围内包含有极其错综复杂的无数集团组织，就社会方面说：有政治的、文化的、经济的和其他社会的；就个人方面说：有职业的、学问的、运动的、娱乐的和其他社会生活的。

一个人在银行里任职员同时亦在一个政党里任政治的工作，在一个学术团体里参加某种问题的研究，在一个运动团体里参加运动，在公园里游玩、戏院里看戏、医院里医病，这一些都是我们生活所依赖着的。其相互依赖关系，从一身的周围起直到国家为止，最后是要由国家负起责任的。一个国家里有若干人失学，有若干人失业，有流行的疾病传染，有过多的死亡率，有过弱的国民体质，有不足的需要品或无法处理的生产品，有不便的交通，有较低于人的生产力，都是应由国家负起责任，或奖励地方，奖励团体，乃至于奖励个人设法的，这是一种新的集团组织。新的相互依赖关系，不是家庭，不是亲戚、邻里、朋友，不是中国人一向的集团组织和相互依赖关系，而是要重新创造的，而是要训练人重新创造的。

有了新的集团组织，不但是产生了新的相互依赖关系，亦同时产生了新的比赛标准。在一个工厂中比赛工作的效率，一个学术团体中比赛新的发现或发明，一个运动团体中径赛比赛时间，田赛比赛距离和高度……这些比赛标准，是存在于集团里的分子间的。

在一个工厂的出品比赛优良，一条航线的轮船比赛快慢，一个运动场的两个球队比赛胜负，这些比赛标准是存在于两个以上的集团间的。各国的陆上交通——铁路和汽车路——比赛里数，水上交通——轮船——比赛吨数，空中交通——飞机和飞艇——比赛架数、速度或高度，陆军比赛动员人数，比赛大炮尊数、口径和射程，海军比赛兵舰只数和吨数，航行速度和航程，这些比赛标准是存在于世界最大的集团——国家间的。以这重叠的比赛标准，集中整个社会中的人们的兴趣和活动。人们为了趋赴这种种比赛而预备、而训练、而努力、而拼命；比较我们农业生活中的比赛，家庭与家庭间这群亲戚、邻里、朋友间与那群亲戚、邻里、朋友间的比赛，其为兴趣更浓，其为活动更紧张，几乎是举世若狂。然而新的比赛标准在尚未明了、社会风气在尚未造成以前，人们于任何新的活动是不会有兴趣的。提倡起来非常困难，成功乃端在忍受这困难以促起新活动，一直忍受到整个社会的活动竟被促起以后。

　　必须维持集团间的相互依赖关系和比赛标准，自然产生了强有力的道德条件。或由国家制度上规定起来，或由社会成训上规定起来。当兵是国民的义务；企业者必忠实于所集资经营的事业；学者必虔诚于学术之研究；工程师必尽心竭力于机器之发明。分工必负责任；会议必服从多数之议决案；买卖可以预于数万里外，几个月前；在人丛中不喧嚣；买火车票要依到的先后鱼贯而前……凡此活动都是产生于现代的集团生活，都是为了维持现代的相互依赖关系和趋赴集团比赛而有的强有力的道德条件。

（五）集团生活没有改变不能学现代

这现代的生活方式与我们一向的生活方式产生于另外两重集团生活——家庭和亲戚、邻里、朋友的迥然不同，然而一样是集团生活，一样是由生活的相互依赖关系、集团的比赛标准，产生了公众的道德标准，规定了人们的行为；只因为不同的集团生活才产生了不同的行为。在一种集团生活没有改变以前，是没有方法改变人们的行为的。换言之：我们在没有形成现代的集团生活，没有形成现代的生活依赖关系、现代的比赛标准，没有产生现代的道德条件的时候，我们仍被包围于一向的两重集团生活——家庭和亲戚、邻里、朋友当中，仍只有一向的解决家庭生活提携并应酬亲戚、邻里、朋友的行动，没有方法产生新的行动。纵然产生了新的集团的招牌，亦没有方法产生新的集团的实际。乃至于屡次变更招牌，而不能变更实际。政治上最初一切学日本，间接也许学了一些当前强盛的德国；直到"五四"运动以后，一部分聪明人觉得学错了，没有将一个中国弄好，于是学英美、学德谟克拉西。闹了几年，只闹了一种空气，则又学俄国、学布尔什维克。几年之后，觉得不对，又到世界上去另外找学的。然而有一个根本问题，政治上的团体，仅仅进化到从政治的机会当中拼命维持其所集聚的或依附的一群人的利益，还没有进化到以这一群人或竟牺牲这一群人去维持所在的社会或国家的利益，这问题没有解决以前，任何国家是不会学得成功的。现代的国家有一个根本的要素，他们有国家那样大的集团组织，而我们却至今没有，只有政治团体本身那样大的集团组织。

我们认识清了中国人的社会生活尤其是集团生活之后，才能解释我们如何应付这社会的行动，无论是改良的或革命的，都有绝大的困难在我们行动的面前。这个困难不在帝国主义身上，不在军阀官僚身上，也不在土豪劣绅身上。我们要建立一个完好的国家，帝国主义诚然可以增加我们的困难，然而因为我们实有绝大的困难先自存在。至于军阀官僚土豪劣绅却正紧紧被这困难包围着，只可怜他们无法打破这重围，他们绝不是困难之源。这困难之源只在一向的集团生活——家庭和亲戚、邻里、朋友的相互依赖、相互比赛，而又有强有力的道德条件。要变更这依赖关系，要变更这比赛标准，要变更这道德条件，乃是当前绝大的困难。一个强有力的革命军人有力量打倒一切军阀，然而没有力量打倒军阀所由形成的集团组织。只要有人群，便有一群亲戚、邻里、朋友在各自努力去解决其家庭生活问题。虽然亦有人群间相为的精神——亲戚、邻里、朋友间相为的精神，究竟还没有明了地为所在更大的人群努力。

（六）问题是在整个社会组织的改变

　　所以今天中国的问题是整个社会组织改变的问题，不仅是政治的问题，尤其不仅是政治当局的问题，你责备政治太坏，你转回来看看社会上有哪几桩公众的事业确办得很好。你责备政治当局自私自利，只知道照顾他们的家庭和亲戚、邻里、朋友，不管国家的问题；你回转来看看你自己，又是不是只照顾你的家庭和亲戚、邻里、朋友，不管国家的问题；不问你是做生意的、做庄稼的或任教育的，你总是未尝为了国家做任何事情的。每一个人都只知自私自利于家庭以至于亲戚、邻里、朋友，何独责备政治当局超越此范围以为天下？绝无仅有的圣人。他们要提拔亲戚、邻里、朋友，是因为只有亲戚、邻里、朋友为着生活问题而包围他们、要求他们，乃至于为他们努力、拼命，以保障他们的地位和利益，以排除他们的敌对；但绝未尝有国家的问题而包围他们，要求他们，同他们努力、拼命，以保障国家的地位和利益，以排除国家的敌对的。然则他们只应提拔亲戚、邻里、朋友于他们有帮助的人群，他们乃竟无法提拔一个国家——因为国家里面乃竟是苦于无人帮助他们的。我们只看见许多复杂的亲戚、邻里、朋友为了他们的利益拥护起来的领袖，绝不容易看见一国的人民为了国家的问题，或一个地方的人民为了一个地方的问题拥护起来的领袖。你如果真正帮助中华民国，不帮助一向的亲戚、邻里、朋友，便不会有人帮助你。亡了国的印度还会产生一个甘地，诚然因为英国政府容许了他，然而英国政府并不能产生了他。须知道那个社会一方面有管众人的闲事的甘地，另一方面还有管甘地的闲事的众人。在中国原有的社会里，却是两方面都有的。所以至少从民国以来，希望得一个理想的政治当局有二十余年了，而不容易超越乎一般范围的理想的政治领袖以为整个国家的问题努力的，因为是没有这样的人群。虽然也偶然为了国家重大的刺激而有某种为了国家努力的人群产生，然而不久即归消沉；只有亲戚、邻里、朋友的人群才是长久可以支持的，尤其以家庭为核心。

于此愈证明了今天中国的问题是整个社会组织改变的问题，而不是某甲或某乙的问题。不要以为某甲或某乙打倒了，中国就不会再有问题。某甲或某乙是由一种社会组织产生的，是由家庭和亲戚、邻里、朋友的要求产生的。你纵然打倒了某甲或某乙，然而你并不能变更产生某甲或某乙的社会组织，"野火烧不尽，春风吹又生"，继起的人物还是他们一类的。如此循环的斗争，可以争到无已时。可以打倒无穷的坏人，而终于不能产生一个好人。如果你将社会组织变更了，尤其是社会要求变更了，要求人们依赖着一个国家生活，努力而且拼命于这个国家所悬的个人的和集团的比赛标准，尊重所悬的抑制自己乃至于牺牲自己的道德条件，则整个国家群众产生了，领袖产生了，一向的某甲或某乙自然亦没有了，何须得准备力量不断地去打倒他们呢？今天则还只有亲戚邻里朋友关系的人群和亲戚邻里朋友当中的领袖，急待改组，亟待进步，虽小至于一桩经济的、教育的乃至于其他社会事业的组织，亦须以现代的集团生活的方式形成相互依赖关系、个人或集团的比赛标准，抑制自己乃至于牺牲自己以为集团努力拼命的道德条件，事业才会有办法的。

（七）如何发扬国人一向的美德

　　我们不要怀疑这样一来就抛弃了中国人一向的美德，实则只改变了社会组织，向有的美德却依然存在。社会组织只是我们一种生活方法，如像划木船、驾牛车、手摇纺纱车是我们一种社会生活方法一样。变更社会组织，也如像牛车需要变成火车、木船需要变成轮船、手摇纺纱车需要变成机器纺纱厂一样。要创造或运用现代的物质文明，便要创造或运用现代的社会组织。即须由木船、牛车、手摇纺纱车时代的集团生活变成轮船、火车、机器纺纱厂时代的集团生活；即须由家庭和亲戚邻里朋友的集团生活变成政治的、经济的、教育的和其他现代社会的集团生活：家庭和亲戚、邻里、朋友仍存在于现代社会生活当中，然而不能存在于轮船、火车、机器纺纱厂当中。只能为了这些事业的需要集中人才去培植这些事业，不能在这些事业当中培植家庭的子弟或提携亲戚、邻里、朋友及其子弟。中国人一向的美德是抑制了自己乃至于牺牲了自己以为集团生活：家庭和亲戚、邻里、朋友；今天虽然集团生活有所转变，转变为政治的、经济的、教育的乃至于一个国家的，而抑制自己乃至于牺牲自己以为集团生活的美德，却仍然是一样需要的。不但不会抛弃了而且反会加强了。如果他们的生活集团小则变为一个经济的、教育的或社会的事业，大则变为一个国家；他们便会为了事业，为了国家，抑制自己甚至于牺牲自己。向来可歌可泣的忠臣烈妇的行动，现在便可以殉社会、殉国家；向来勤俭兴家的行动，现在便可以兴一桩事业，兴一个国家了。奖励这种美德的人群愈加众多，则这种美德之表现愈加强烈，保存国粹的人们不要以为这是忘掉根本的运动，实则这正是培植根本的运动。因为如果不将中国人的集团生活急切改组，一向的集团生活亦必蒙现代生活的影响而逐渐崩溃，一向的抑制自己、牺牲自己以为集团的美德，亦必由此而逐渐消沉，逐渐泯灭。最危险的乃正是这青黄不接的时期，原有的集团生活崩溃了，新的集团生活没有建设起来；原有的生活依赖关系崩溃了，新的生活依赖关系没有建设起来；原有的比赛标准崩溃了，新的比赛标准没有建立起来；原有的道德条件崩溃了，新的道德条件没有建立起来。这时简直是人欲横流，人与人间的行动冲突无法和谐，社会的秩序大坏无法调整，所以应得赶紧建设新的集团生活去维持人们一向忠于集团的美德，愈是不容徘徊了。

还有不应误会的，我们提倡了新的集团生活，无论其为职业的：在政治事业里、经济事业里或社会事业里。学术的：在学术集团里、学校里或公共图书馆里。游戏的：在球队里、音乐会里或电影院里；或更扩大而为整个地方的、整个国家的；或更以某种无国界的活动扩大而为世界的，例如万国红十字会或世界运动会。并不是这许多集团生活产生了，我们一向的家庭生活或亲戚邻里朋友的生活便崩溃了、灭绝了；一向的集团生活：家庭和亲戚、邻里、朋友仍然存在。一如有了整个国家的集团生活，仍自有我们职业所在的、学问所在的或游戏所在的集团生活存在一样。今天以后的集团生活，本来就是极其错综复杂的，其进化即是由简单而进化到复杂。有如今天中国的亲戚、邻里、朋友的关系常综合到了几万人乃至几十万人，亦是非常错综复杂的一样。不过产生了新的集团生活之后，一向的集团生活：家庭和亲戚、邻里、朋友的相互依赖关系就会降低了，因为有了新的依赖关系，更可以使人们的生活安全了；一向的比赛标准降低了，因为有了新的比赛标准，更可以集中人们的兴趣了；一向的道德条件一部分不适用的会降低了，因为有了新的道德条件是急切需要的，会树立起来，指导人们的行动了。

（八）大胆创造可以战胜困难

所以提倡新的集团生活绝不是洪水猛兽，无论其采取温和的改良的手段或竟采取剧烈的革命的手段，绝无任何危险。只一向的改革的方法都主张先破坏，这一个程序却应该颠倒过来，应该先建设后破坏，建设到哪里便破坏到哪里，最艰难乃在这一点破坏工作非常容易，无如只训练人们破坏，幸而成功之后，却建设不起来，于是乎每每紧跟着成功之后更是失败。破坏还可以利用一向的家庭和亲戚、邻里、朋友间两重集体生活的弱点，使人们为了这种要求集合起来，努力拼命去干；然而为了这种要求集合成功一个集团之后，正是新的集团生活的障碍。虽然他们也曾打破了敌对方面的这样的障碍，他们本身却往往就是敌对方面的替代。

训练人建设新的集团生活，如已到了新的集团生活完成之后，却亦非常容易。人们的行动不是由社会环境影响起来的，便是由社会环境压迫起来的，集团生活尤其是紧紧地包围着人们的活动的社会环境。最困难乃在新的集团生活开始建设的时候。人们的行动正紧紧被一向的社会环境——家庭和亲戚、邻里、朋友包围着，我们要建设新的集团生活还没有成功，还没有成功一种相互依赖的关系可以使人信赖，还没有成功一种比赛标准可以使人趋赴，还没有成功一种道德条件可以使人尊重；而同时家庭的，亲戚、邻里、朋友间的相互依赖关系还有强烈的要求，比赛标准还有强烈的引诱，道德条件还有强烈的责备，这正是训练人非常困难的时候。

困难并不是可怕的事情。困难之成为可怕的对象，原因只在我们怕它。我们只要肯用力量一直用到可以超越困难的时候，便看不见困难了。解决中国人的集团生活改组的问题，正在同样的原则之下，只要大家认清楚问题了，便可以着手干，并不需要有最高的政权，亦不需要有最大的事业，只要有了立脚的地位便有了着手的机会。你可以从一个学校里做起来，也可以从一个公司做起来，可以从一个乡村做起来，也可以从一条市街做起来。人各从其现在的地位干，是比较容易的事，因为并不需要精力另谋地位。如果有了若干人大胆创造，一直创造到使全国人明白这是一条道路之后，自然全国总动员，尤其是政府当局必立刻改由这条道路将全国统整起来。因为一向只有极其错综复杂的亲戚、邻里、朋友相互依赖的关系，虽然这关系可逐渐扩大，终没方法扩大到整个国家。一向只运用了一群人地位的比赛和所得以解决家庭生活问题的财富的比赛，只有将公共局面弄坏；一向只有一群人彼此相为的道德条件并未能从此充分培养起来，新的中华民国亦绝不能从此产生出来。提倡新的集团生活是任何人应有的责任，不仅是政治当局的责任，任何人都可以从自己的地位提倡起来，并不需要选择更好的地位。尤其是明白现代意义的贤者，应明白选择地位是促起纷争的一个大原因，你要是于地位无所择，于道路之开辟成绩之表现则绝不让人，你终会得着人的信任和同情，得着人的帮助，至少亦得着人的容许的。你要集中你的全力于创造新的集团生活，你应得避免一切纷争。不问地位就是避免纷争最紧要的法门。

新的集团生活如何创造呢？这是我们最后的问题了。须得先引几个实在的例，然后再加以说明。

（九）创造集团生活的第一个试验

十年前我们在成都创办了一个通俗教育馆。一个通俗教育馆本是一桩很寻常的事业，然而曾经借这试作一种新的集团生活的试验，颇吸引当时在成都各界朋友的兴趣，无论其为有知识的或无知识的，无论其为头脑很新的，或头脑很旧的，这却是空前未有的活动，而证明是成功的。通俗教育馆的内容是：一个博物馆，中间分为自然陈列馆、历史陈列馆、农业陈列馆、工业陈列馆、卫生陈列馆、武器陈列馆、金石陈列馆；

一个图书馆中有成人图书馆、儿童图书馆；一个公共运动场中有足球、篮球、排球、网球、田赛、径赛等各种场所和设备；一个音乐演奏室中有中西音乐及京川剧演唱之组织；一个动物园；一个游艺场。所有这些设备都穿插在一些花园当中。花园各依地段异其布置，或为草坪，或为花坛，或为竹树，或为池塘，或为山丘，或为溪流。这些都是寻常的事。我们常这样说：不盼望人看我们做出来摆在地上或摆在屋里的成绩，而盼望人看我们做，看我们如何做。所有全馆的人员常常夜以继日，常常要求工作有变化，要求艺术，要求正确，要求迅速，要求集中成都各界的人们到最多的时候。尤其利用机会集中人群至每日以数万计。只要这个月你到过通俗教育馆，下一个月你再到，便觉得有些不同了；乃至于这一周你到过通俗教育馆，下一周你再到便觉得有些不同了；乃至于今晚闭馆的时候你到过通俗教育馆，明晨你再到，便觉得有些不同了。我们以一天改换了新的桥梁，以一夜改换十个陈列馆的陈列品，以几天堆了一座山，以十几天完成了一座房屋。馆里的职员以至于泥、木、石工人常常这样紧张地工作着，要求工作的表现能够吸引而且集中了成都市的人，尤其是在一个节令以前的布置，是要几个白天夜晚不睡觉的。职员之用尽全力于通俗教育馆，忘却了他们自己还不算稀奇；那许多泥、木、石工人继续工作一年有余，直视馆里如家庭，虽然外间待遇比馆里加高了，亦不忍离去，可见他们浓厚的感情；博物馆里常常开古物展览会、中国画展览会、革命史展览会；……运动场常常开运动会，球类比赛、脚踏车比赛、团体操表演；音乐演奏室常常开中西乐演奏会；游艺场常常演新剧、川剧、京剧、幻术；常常为卫生运动、教育运动而公开地放电影；花园里每年必开菊花会。这样一来不仅将成都游览的人集中了，尤其将成都各方面的人才集中了。为了轮船、火车、机器的模型，池中喷水而集中了机器工程师；为了建筑房屋、道路、桥梁、堤岸而集中了建筑和土木工程师；为了运动会及运动指导而集中了体育专家；为了音乐演奏而集中了西乐、中乐专家；为了游艺会而集中了川剧、京剧的票友和新剧的演员；为了展览古物集中了古物专家，展览图书集中了美术专家；为了园艺集中了农业专家，集中了花园的主人和工人；为了卫生运动，尤其是普遍种痘，集中了中外医生；为了饲养动物集中了兽医；几乎凡在成都的朋友有一技之长的，都被我们集中了。常常在集合他们开会，集合他们工作，集合他们表演；这是一个集团生活的试验，亦是一个集团生活的运动。虽然因为事业是寄托在政治上，不能造起生活的相互依赖关系；又因为时间短促，只有一年又半，未见得确立了新的道德条件；然而已有了强烈的新的比赛标准，完全在穿的、吃的、房屋、财产乃至于结婚、上寿、开奠之外，使各种集中的人才都在社会上有充分的表现。集中了社会上多数人们的欣赏，取得了多数人们的喝彩；许多认识和一向不认识的、有一技之长的，都兴高采烈地愿趋赴这成都向来没有的比赛；任何时候到过通俗教育馆的人们，都对这一新的公共事业发出深厚的感情；这新的集团生活的试验证明了是可以成功的，而且三个条件只须有了比赛标准一个条件，时间只须一年又半。

（十）创造集团生活的第二个试验

因为纷乱的政治不可凭依，我们从社会上做了第二个试验了，以嘉陵江三峡为范围，以巴县的北碚乡为中心。始则造起一个理想，是要想将嘉陵江三峡布置成功一个生产的区域、文化的区域、游览的区域。因为这里有丰富的煤产，可以由土法开采进化而机器开采；为了运煤可以建筑铁路；为了煤的用途可以产生炼焦厂；用低温蒸馏可以产生普通用焦、电厂用的瓦斯、各种油类及其他副产品；两个山脉的石灰岩石、山上山下的黄泥，加以低廉的煤炭，可以设立水泥厂；为了一个山脉产竹长亘百余里，可以设立造纸厂；为了许多矿业、工业、交通事业的需要，可以成立电厂；如果在那山间、水间有这许多生产事业，可以形成一个生产区域。以职业的技能、新知识和群的兴趣的培育为中心，做民众教育的试验；以教生产方法和创造新的社会环境为中心，做新的学校教育的试验；以调查生物——地上的出产、调查地质——地下的出产，又从而分析试验，做科学应用的研究；并设博物馆、图书馆、植物园、动物园以供参考或游览。如果在那山间、水间有这许多文化事业，可以形成一个文化区域。凡有市场必有公园，凡有山水雄胜的地方必有公园，凡有茂林修竹的地方必有公园，凡有温泉或飞瀑的地方必有公园，在那山间、水间有这许多自然的美，如果加以人为的布置，可以形成一个游览区域。这便是我们最初悬着的理想——一个社会的理想。

于是乎我们先后寻求人才了。寻求担任公园布置的，寻求担任警察训练的，寻求担任民众教育的，寻求担任学校教育的，寻求担任金融事业的，寻求担任工厂管理的，寻求担任科学研究的，从成都到上海，从四川各事业到国内各学术机关；因为事业之待创造，经费之无着落，寻求人才非常困难，然而因此乃竟得着许多支持困难的骨干，打破了无数困难的关头，以成立了许多事业，提挈了许多事业前进。一向的亲戚、邻里、朋友的人群往往牺牲了社会以解决自己的生活问题，而这一个创造社会的人群，却都忘掉自己的一切以创造这一个社会。

于是乎我们先后训练青年了。训练青年的中心意义是要让他们充满了社会的要求、社会的思想、社会的活动；要求他们都非常明白现在世界的趋势、中国的困难，而且都非常明白理想的三峡而要求实现它。他们都受严格纪律的训练，都经社会服务的实习，都随时在社会服务上相互帮助，都历经险阻，尤其是吃尽苦头。先后训练了学生第一队、第二队，分配在团练各队和各事业服务；训练了少年义勇队一队，分配在学术机关和各事业服务；训练了特务学生队一队，分配在特务各队和各事业服务，现在又正训练少年义勇队一队，预备分配到各事业服务；此外各事业委托训练和随时增加的青年还不在此数。他们虽分到各队各事业服务，而他们自晨早起床，至夜晚睡觉仍然充满了社会的生活内容。晨早起床之后，集中到运动场各依排列的运动程序运动一小时；早餐后，开始工作；直到午后完结的时候，则又集中到图书馆依所分配研究的问题读书两小时；如还有余裕时间，乃自由运动或休息；夜间，都分头去担任民众教育，或民众娱乐，或整理一日的工作或再以余暇时间自由读书。他们运动有分类比赛的运动会，读书有挨次报告的读书会，工作有各机关挨次报告的周会。各有比赛的标准，各有公众的讲评，他们每天生活有日记，每机关办事有日记，每周有周报，每月有月报。他们工作的整理每日有局部会议，每周有主任联系会，有全体职员会议。他们在那里不是亲戚、邻里、朋友的集团，另外有一种生活的相互依赖关系、比赛标准和道德条件，是他们的行动所趋赴的。

于是乎先后经营各种事业了。温泉有公园，北碚有公园，运河有公园，凡有隙地必有园林；峡防区则有各特务队，驻在北碚市镇、北川铁路沿线、夏溪口以至于矿山；他们有团练的任务，有警察的任务，有民众教育的任务，有帮助地方建设的任务；有手枪队，有事帮助周围捕匪，无事则帮助各机关服务；有民众教育办事处，在办事处领导之下有民众学校，依职业的种类和集中的便利而有不同的教育，有挨户教育，有场期教育，有力夫学校，有船夫学校，有民众问事处，有职业介绍所，有书报阅览室；在各茶社酒店有各种通俗图画、照片和新闻简报，有新知识广播，有民众娱乐场——娱乐事项有新剧、川剧、电影、幻灯、跳舞、唱歌；此外有地方医院，为乡民免费治疗疾病，每年春秋两季必指导各机关乃至各队人员总动员为纵横百里间的小孩以至于成年人点种牛痘；有公共运动场，一方面联络各学校，一方面联络各事业，一方面联络市乡中之青年，使都参加运动，并参加运动的比赛；有《嘉陵江报》，由周刊进化而为三日刊，再进化而为间日刊，再进化而为日刊，最后更由石印进化而为铅印，其材料只重在积极方面，只以现代的国防、交通、产业、文化四大问题为中心，使读《嘉陵江报》的朋友都逐渐能够认识现代是一个什么样的世界；中国西部科学院有理化研究所，目前正以分析燃料为主要工作，欲帮助四川解决燃料问题；有生物研究所、地质研究所，目前正以调查、采集整理为重要工作，欲帮助四川解决一切自然开发问题；有农林研究所，目前正做造林和改良农作的试验，欲解决当前社会急切需要的粮食和木材问题；附设有一个植物园、一个动物园，附设有一个博物馆，附设有一个中学校、一个小学校，附设有一个染织厂；此外还有一个农村银行是要求小小帮助农民借贷和各种合作运动的，常从各方面帮助这一个区域里边新的经济事业，例如北川铁路公司、天府煤铁公司、洪济造冰厂、嘉陵煤球厂……只要它们有帮助的需要。

凡这一些事业，如果是直接经营的，绝对要求它充分实现应有的意义，绝不容许混杂一点亲戚、邻里、朋友的关系，绝不容许任何人以事业为解决家庭生活的机关。虽然家庭生活问题是不断地要依赖事业，尤其是不断地依赖事业的繁荣；然而那是在事业规定的方式之下被帮助的，每一个人则只努力帮助事业，不仅是一桩事业的关系，尤其是一群事业的关系。大家在那里穿是一样的，吃是一样的，房屋器用亦差不多是一样的，困穷是一样的，所有一向的家庭和亲戚、邻里、朋友的财富、地位、门面装潢通通无所用其比赛了，比赛的都是工作，都是学问，都是运动或游艺，都是表现社会上的成绩。另有一种大义，是这社会里边要求的，而不是家庭和亲戚、邻里、朋友要求的。他们之兴趣盎然，他们之工作紧张，他们行动之可歌可泣，乃不是一向沉陷在家庭和亲戚、邻里、朋友当中的人们所能领悟。一向沉陷在家庭和亲戚、邻里、朋友当中的人们总迷信以为人是自私自利的，只能利用人的自私自利的弱点；而忘却了家庭和亲戚、邻里、朋友亦正是一个社会，人只是为了社会的要求而甘愿牺牲自己，尤其是为了更大的社会；这是从我们今天的试验可以证明的。

（十一）创造集团生活的第三个试验

除这第二个试验是从嘉陵江三峡着手的而外，还有第三个试验的事业是民生实业公司。所谓民生实业公司，是从一只小轮船起增加到二十八只轮船；是从合川五百盏电灯起增加到四千五百盏，而增加了全城需要的自来水；是从一个两万元的机器厂扩充到三十万余元的机器厂；是从五千元的对外投资增加到二十万元的对外投资；是从八千元资本增加到了一百六十万余元的资本。仍然是一个小的事业，但是一个要求有意义的事业，是要求这事业的一切完全成为现代的。要求每一个人解决事业的问题，从轮船上的茶房水手起，从工厂的小工起，以至于各级职员工人，无一个不为事业努力。他们之在公司中是一群工作的分子，不是一群亲戚邻里朋友；他们之到公司都是凭自己的能力，不是家庭和亲戚邻里朋友的关系。事业之要求他们努力加强于他们家庭和亲戚、邻里、朋友的要求。一方面促起他们都知道事业前途的希望，另一方面促起他们都关怀事业周围的困难和危险。是要以团体的工作，团体的讲学，团体的娱乐乃至于一切生活包围了他们，一直到他们的家庭。如何努力解决事业的问题，这是事业上的一群人非常恳切地要求于每个人的。至于每个人最迫切的家庭生活问题，则由事业上帮助他们解决，只须他们依赖事业，不须依赖他们的亲戚邻里朋友，这是我们正用全力预备的。

我们的预备是每个人可以依赖着事业工作到老，不至于有职业的恐慌；如其老到不能工作了，则退休后有养老金；任何时间死亡有抚恤金。公司要决定住宅区域，无论无家庭的、有家庭的职工，都可以住居。里面是要有美丽的花园，简单而艺术的家具，有小学校，有医院，有运动场，有电影院和戏园，有图书馆和博物馆，有极周到的消费品的供给，有极良好的公共秩序和公共习惯。凡你需要享用的，都不需要你自己积聚甚多的财富去设置；凡你的将来和你儿女的将来，都不需要你自己积聚甚多的财富去预备；亦不需要你的家庭帮助你，更不需要你的亲戚邻里朋友帮助你，只需要你替你所在的社会努力地积聚财富，这一个社会是会尽量地从各方面帮助你的，凡你有所需要，它都会供给你的。

这样的意义：个人努力地帮助社会，社会亦尽量地帮助个人，还不够；还得进一步，个人是要帮助所在的事业，使自己有显著的成绩表现在事业上，事业尤其要帮助所在的社会，使事业有显著的成绩表现在社会上。我们所要求的不是一群人之为自己，而是一群人之为更大的人群；我们所要求的不是事业的大小与他事业比赛，而是事业对于社会帮助的大小与他事业比赛。譬如民生公司的轮船一年接触到二十万人，便应亲切帮助到二十万人；电灯自来水在四万人口的合川县城，便应亲切地帮助到四万人。虽然这一些要求在短时间里没有完全实现，这要求却是非常之明了，必须完全实现而后已。白种人做得到，黄种人亦做得到；日本人做得到，中国人亦做得到，这是我们的口号！从我们的试验也有相当的证明，这不仅是口号，而是可以实现的行动。船上人员之拼命节省燃料，一部分人周到地招待客人，甚至于让了自己的铺位，这是令人敬佩的行动；同白种人谈来，他们亦不相信，以为业务人员之能招待客人，除非是客票收入是他们自己的，不相信是涓滴必归公司的。而不知有了充分训练的中国人之能刻苦自己、牺牲自己，以为其集团生活的精神，本来在家庭和亲戚、邻里、朋友的生活当中就有了充分的训练，今天不过转移了方位，乃竟出乎白种人意料以外了。

（十二）证明了创造集团生活是可能的

我们一面用力做现代化的集团生活的试验，做超越乎家庭和亲戚、邻里、朋友关系集团生活的试验，仍一面帮助周围。假如有一桩事业，有一个乡村，有一县的当局、一省的当局乃至于一国的当局，如果愿意打破家庭和亲戚、邻里、朋友的重围，打破一群人彼此相为的重围，以为更大的人群，建立一种现代的社会，这是今天中华民国里边急切需要创造的风气，我们可以帮助一点一滴的时候，必须用全力帮助一点一滴的。

总之，原来的集团生活——家庭和亲戚、邻里、朋友，是障碍了一切新的集团生活的产生，今天有许多能干的领袖，能领导原来的生活集团，然而不能解决中国的困难，尤其是根本的困难。如何促起几千年安眠的农业社会转变而为现代的社会，急切需要更强毅、更能干的人们，能够在此万分困难的环境当中，打破重围，创造新的适于现代生存的集团生活。创造新的依赖关系，使人们在没有职业的时候，依赖着社会训练职业的技能，并依赖着社会介绍职业；在老的时候，依赖着社会有相当养老的帮助；在遗族无法生活的时候，依赖着社会有相当的抚恤；在子女没有成长的时候，依赖着社会相当的教育；在疾病的时候，依赖着公共的医院；在余暇的时候运动，依赖着公共的运动场；游乐，依赖着公共的电影院、戏场和公园。

而这些人们所依赖着的社会，又都依赖着人们的忠实和努力。这是新的集团生活所需要的新的相互依赖关系，是急切需要寻求人才并训练人才去创造它的。

同时亦须有新的比赛标准。在一群事业当中必须时时公布各个事业的成绩，无论其为口头的或文字的。例如：医院增加的治愈人数，警察调查得的人口和卫生运动所减少的死亡率，图书馆增加的读书人数，民众学校减少的文盲人数，工厂改良和增加的出品，年终增加的纯益，这都是事业的成绩，应尽量使之表现在社会上的。在一桩乃至于一群事业当中，必时时公布各个人的成绩，亦无论其为口头的或文字的。一个茶房殷勤地帮助了客人，一个看护殷勤地帮助了病人，一个教师殷勤地帮助了学生，一个乡长殷勤地帮助了乡村，无论其为事的大小，只要帮助了社会，必用力介绍到社会。尤其是要寻出表[现]显著的行动在公众面前的机会，在公众面前讲演，在公众面前表演戏剧，在公众面前布置一个花园或陈设一个会场，在公众面前救了火灾或救了疾病，在公众面前御了大敌；这都是新的集团生活的比赛方法，其鼓舞人的力量常常等于万人围观的运动场上踢球或赛跑。每个人群乃至于每个人都要用全力于比赛，虽然牺牲了自己的生命亦非所顾惜，绝不是比赛门阀，比赛亲戚、邻里、朋友的集会所可以比其热烈的。

只要新的依赖关系和新的比赛标准成立了，新的道德条件便成立了。合于这一种依赖关系和比赛标准的行动，便是整个社会所奖励的、要求的；不合于这一种依赖关系和比赛标准的行动，便是整个社会所惩罚的、反对的。人之热烈地趋赴社会的奖励和要求，难堪于社会的惩罚和反对，乃是先天带来的情感；尽管有各种不同的社会和人们适应社会不同的行动，而这趋避的原则却完全是相同的。不问所有的道德条件是存在于法律制度，或存在于风俗习惯，其奖励和要求人们的行动，惩罚反对人们的行动，是一样有力量的。其集团组织越大，其道德条件乃越有力量。

我们从上面的事实和推论，可以证明在家庭和亲戚、邻里、朋友的关系以外，在现代的生活方式之下，建设新的集团生活是可能的。只要成功了新的相互关系、新的比赛标准和新的道德条件，便成功了新的集团生活。这工作虽然非常困难，而这困难却可以[凭]决心、勇气不断地前进、长时间地忍耐战胜。聪明的人们不应被任何困难征服，不应被家庭和亲戚、邻里、朋友的关系重重围困，不应用破坏新的集团组织的力量——家庭和亲戚、邻里、朋友的关系——去建设新的集团组织，无论其为一个行政机关、一个学校、一个公司或一个医院。聪明的人们不应爱好一时结合的人群，这人群只于亲戚、邻里、朋友相为，而尤各为其家庭，以求一时的成功，而使失败紧紧跟随于成功之后。不应徇人们的要求——家庭和亲戚、邻里、朋友的要求；几十年来，上至政府，下至人民，在交通上、产业上、教育上以及其社会上，有许多建设被这人们的要求毁坏得没有几处剩余；一个中华民国被毁坏得无法统整，尤其值得我们猛醒。因为家庭和亲戚、邻里、朋友的要求，就是促起小至于一桩事业大至于一个国家四分五裂，而又相互冲突的最大原因！各人只顾家庭和亲戚、朋友，不肯顾到大局。

（十三）复兴中国只有这一条道路

　　中国自晚近百余年有敌国外患以来，遇战争即失败，遇外交亦失败。任何一回问题都是国家万分严重的问题，应以举国朝野上下的全力去应付。自然许多朝野上下的人士看来，并不觉得那样了不得；因为他们还有看得更严重的问题，在他们家庭间，亲戚、邻里、朋友间和这样的敌对的集团间，视国家的关系或国家对外的关系却有相当的漠然。然亦有若干有心人士在国家遇着灾难的时候颇能做救亡的运动，然而遇一回灾难救一回亡，过此以往，又是忙着解决家庭或亲戚、邻里、朋友的问题的时候；如此救亡，恐怕要一直救到亡的时候。

　　中国的根本办法是建国不是救亡。是需要建设成功一个现代的国家，使自有不亡的保障。是要从国防上建设现代的海陆空军；从交通上建设现代的铁路、汽车路、轮船、飞机、电报、电话；从产业上建设现代的矿山、工厂、农场；从文化上建设现代的科学研究机关、社会教育机关和学校。这些建设事业都是国家的根本，然而现代的集团生活没有建设成功以前，是不容易看见上面那许多建设事业的，只会看出家庭和亲戚、邻里、朋友的关系在那里毁坏许多建设事业而已。

建设新的集团生活虽然是一切建设事业的根本，然而并不是另外一回事，正是需要从任何一桩新的建设事业上同时将新的集团生活建设起来的。新的集团生活完全表现在新的建设事业上，开始建设新的事业即须开始建设新的集团。这是一点一滴的工作，尤其是非常困难的工作，万万不能等待，万万不能等待到事业成功的时候。宁肯失败，不可运用亲戚、邻里、朋友间彼此相为的关系去取得事业成功的机会；因为亲戚、邻里、朋友间之彼此相为正是新的集团生活的障碍，也正是任何新的建设事业的障碍。纵然取得整个国家了，亦不会取得最后的成功，只会取得失败。

我们在国家危难的时候希望美国帮助或英国帮助是错误，就希望中国自己好起来亦是错误。做几篇劝告国人的文章，定几种上下遵循的法律，乃至于举国如狂地做几回对内对外的运动，亦通通是错误；好的中华民国并不是由希望可以产生的，不是由劝告可以促起的，不是由法律可以规定的，也不是由几回运动可以成熟的。不劳而获和一劳永逸，是永远不会有的事。好的中华民国只有从新集团生活产生。建设新的集团生活在一点没有新的集团生活的环境当中，是最困难的工作。一切新的建设事业的困难，都只在建设新的集团生活一点上。必须用绝大的努力乃可以战胜绝大的困难，尤其是在着手的第一关。只要逐渐前进，新的集团生活逐渐形成——即是新的相互依赖关系逐渐形成，使人们有了信心；新的比赛标准逐渐明了，使人们有了趋赴的兴趣；新的道德条件逐渐确定，使人们有了遵循的大义。之后，这工作自然逐渐容易。最初因为最困难，所以最缓慢，往往是急切希望中国好起来的人们所不能忍耐。然而成功正在这忍耐工夫当中，越到后来越快，是加速率前进的。然而必是依着步骤的，必是由工作积累成功的，不是由偶然的刺激产生的、偶然的动作成功的。尤其是最初的集团生活是一个农业试验场，必须十分精细地试验，得着显然可以比较的成绩，然后可以帮助四周的农人推广起来。

我们很盼望在许多新的建设事业当中的人们，无论其在政治方面、经济方面、教育方面或其他社会方面，无论其局面大小，越小越好，都从所在的机会当中做根本的建设运动，做新的集团生活的建设运动。将自己的事业当作农事试验场，将周围的事业还陷在原有的集团生活——家庭和亲戚、邻里、朋友——的重围当中的，当作农民去帮助他们，谋新的集团生活的推广。帮助的力量所施，不问关系，只问此一点意义。纵然周围的事业在未明了此意义以前谢绝帮助，亦当多方面地而且不断地影响他们、包围他们，一直到他们接受了帮助以后。

我们觉得复兴中华民国只有这一条道路，只有运用中国人比世界上任何文明民族更能抑制自己、牺牲自己，以为集团的精神，建设现代的集团生活，以完成现代的物质文明和社会组织的一个国家，才可以屹立在世界上。你如果不满意这世界的趋势，你还可以改善它。我们要救整个二十万万人口陷于困难之境的生活、整个不安的国际局面，岂止于救中华民国之亡，这是由我们的努力最后可以期望实现的结果，并不是夸大。

原载《大公报》1934 年 8 月 2—11 日，
本书录自《中国的建设问题与人的训练》，
上海生活书店版，1935 年 3 月。